LA CONEXIÓN DE GUARDIOLA CON EL FÚTBOL ARGENTINO

VICENTE MUGLIA

Che Pep: la conexión de Guardiola con el fútbol argentino / Vicente Muglia. - 2a ed. - LIBROFUTBOL.com, 2017.
232 páginas; 15,2 x 22,9 cm.

ISBN 978-987-3979-20-0

1. Fútbol. I. Título.
CDD 796.334

CHE PEP
La conexión de Guardiola con el fútbol argentino
de Vicente Muglia

Diseño de cubierta: Luciano Medvetkin
Diagramación interior: Luciano Medvetkin
Foto del autor: © Vicente Muglia
Fotos del interior: © Clarín Contenidos

LIBROFUTBOL.com
Olga Cossettini 1112 - oficina 8F - Ciudad de Buenos Aires - Argentina
ediciones@librofutbol.com - whatsapp +54 9 11 2215 1982

1a edición: enero 2016
2a edición junio 2016
3a edición: enero 2017

ISBN: 978-987-3979-20-0

A los apasionados por el fútbol.

A los jugadores y entrenadores que dignifican este deporte.

A los periodistas que hablan del juego.

Paso 1

Ingresar a Google Play o Apple Store y descargar la App lectora de QR.

Paso 2

Instalar y abrir la App en tu dispositivo móvil.

Paso 3

Escanear el código QR para poder acceder al contenido exclusivo.

CONTENIDO

INTRODUCCIÓN

"Creo que nunca podría dirigir en la Argentina. Es impresionante la expectativa que despierto. Buenos Aires es una ciudad que te abruma. Ni que hubiera inventado la sopa de ajo".
Pep Guardiola

Si se suele copiar aquello que da resultado, ¿por qué motivo, entonces, varios entrenadores no intentarían adoptar ciertas cosas del juego exhibido por el exitoso Barcelona de Guardiola? Los distintos protagonistas del fútbol argentino, que fueron consultados para este libro, coinciden en la enorme influencia que han tenido de aquel equipo que supo jugar y ganar con un estilo muy definido. Por ese motivo no es casual que, desde hace unos años, desde el esplendor de ese conjunto catalán, haya comenzado a surgir en la Argentina un fútbol más conceptual. El lógico recambio generacional de entrenadores que se produjo en nuestro país, incluyó también esa nueva mirada. La flamante camada que irrumpió en el último lustro apostó por prepararse de un modo diferente. El mundo de la pelota, luego de la revolución futbolística protagonizada por Pep, había empezado a cambiar y era una obligación adaptarse a los modos de la nueva era. Por eso fueron varios los jóvenes directores técnicos que decidieron viajar a Europa, para observar distintos métodos de entrenamientos. Allí notaron, de paso, la utilización de las nuevas tecnologías y el avance de la ciencia aplicada al fút-

bol. Hubo una lógica y necesaria especialización. Guardiola con su Barcelona habían elevado la vara y generado un estilo valiente y ofensivo que iba ganando cada vez más adeptos, incluso en lugares del mundo donde parecía difícil penetrar, como Italia y Alemania. Y muchos entrenadores argentinos, por suerte, no quisieron permanecer aislados del resto del planeta.

Puesto a reflexionar sobre este cambio de paradigma a nivel mundial, que incluía al fútbol argentino, César Luis Menotti ofreció la siguiente mirada en una entrevista publicada en *El Gráfico*: "La Argentina ha sufrido una crisis y una desculturalización muy seria y profunda en los últimos 20 años. En el fútbol, en la política, en la música, en las relaciones humanas... La contundencia del éxito, desde ese lugar en que lo ejerció Guardiola, ofreció un aire nuevo, inclusive para países que planteaban el fútbol primero desde la destrucción y luego desde la construcción, como Italia. En la Argentina hay una brisa positiva, aunque no sea un vendaval, de entrenadores que están tratando de darle real valor a la relación entre el jugador y la pelota. Parten de ahí. No se puede jugar al billar sin el taco ni al fútbol sin la pelota. Entonces existe una brisa. Hay equipos que intentan jugar bien. Se ve algo diferente a años anteriores en los que era una guerra sin cuartel de disputas sin talento ni imaginación. Hay una esperanza de que pase algo diferente en un fútbol que antes era imposible de ver".

La Argentina no podía quedar al margen de esa corriente renovadora cuando ese fútbol practicado por el Barcelona, tenía raíces holandesas (Cruyff, Michels), pero también una porción del estilo que identificó durante muchos años al viejo y querido fútbol argentino. Carlos Rodríguez Duval, periodista de vasta trayectoria en el país y actual editor en el diario Olé, aporta su conocimiento para la revisión histórica y para trazar una especie de paralelismo. "El estereotipo del fútbol de la Madre Patria antes de la escuela holandesa —de la que derivó el guardiolismo— era "La Furia española" (con

las salvedades del Real Madrid de Di Stéfano y el Barcelona de Kubala). El de Italia, el catenaccio. El de Inglaterra, el verticalismo intenso. El de Hungría, el de rasgos rioplatenses. El de Argentina, "la nuestra", de la cual, precisamente, abrevó La Masía —con los efectos Michels, Cruyff, Guardiola— en donde germinó un juego de toque que, en lo básico, aquí se lo disfrutó desde los tiempos amateurs, cuando los criollos le confirieron su impronta a los inventores ingleses. Siempre hubo parecidos en las canchas argentinas con el Barcelona de Messi, Iniesta, Xavi, Busquets y cía., salvo en períodos de tacticismos especulativos o de salidas con pelotazos para la segunda jugada. Porque "la nuestra" fue simiente del estilo de la maravilla catalana, como lo prueba, por ejemplo, la escuela rosarina del toque. Ejemplos: el Rosario Central de los años 60 con Menotti-Juárez-Fernández; el Newell's de Montes-Obberti-Zanabria, todos con dos punteros; La Máquina de River; el Huracán del 73; el Racing de fines de los 40; el Independiente de Burruchaga-Marangoni-Bochini y tantos otros... Estaba la esencia de lo que enriqueció el Barcelona, a su manera, con toda la religión del toque y la utilización del ancho de la cancha. Sin la solución del pase hacia atrás, porque al gusto popular le parecía vergonzante. Por otra parte, y en lo específico del juego, la presión era 'sombra' en general, no aguda y en bloque como en la actualidad. Quizá no de manera integral como un espejo fiel, pero con la misma matriz, aquí se ha jugado "a lo Barcelona de ahora". Como el Newell's de Martino, uno de los mejores ejemplos de estos tiempos".

Por esa misma línea de pensamiento caminó Sergio Batista, cuando en su etapa de entrenador de la Selección Argentina intentó que el equipo se asemejara al Barcelona. Tener a Messi, a Milito y a Mascherano en el plantel, suponía toda una invitación para repetir el modelo exitoso del conjunto catalán. Pero el Checho cree que, en realidad, el estilo de juego del Barcelona no era otra cosa que una versión mejorada de lo que se veía en el fútbol argentino de antaño.

"Siempre dije que el Barcelona nos robó la esencia histórica del fútbol argentino. Yo nací con esa esencia y lo viví siempre. Con el fútbol de Jota Jota López y Alonso, de Bochini y Burruchaga... Yo busco darle una identidad a la Selección que represente la historia de nuestro fútbol", explicaba en su etapa de seleccionador nacional. Pese a tener los jugadores argentinos que militaban en el Barcelona, el sistema 4-3-3 y el toque como bandera, la idea no funcionó.

El que sí la puso en práctica en el fútbol argentino, y con mucho éxito, fue el Newell's dirigido por Gerardo Martino, quien nunca ocultó su admiración por Guardiola. Aquel equipo que se consagró campeón del torneo local en el 2013 y que peleó campeonatos nacionales e internacionales fue en la Argentina el más parecido, salvando las distancias, al Barcelona que hizo historia. De hecho, esa forma de jugar le valió el elogio de la crítica generalizada. El propio Tata asegura haber intentado copiar en su Newell's aspectos del estilo que impuso Pep. Pero la mirada del extécnico de la Selección Argentina es más profunda y eso le permite divisar esa brisa de la que habla Menotti y que llegó a todo el fútbol argentino. "En los últimos años en la Argentina no encuentro grandes modificaciones en lo táctico, pero sí en la búsqueda, que no me parece un dato menor. Nuestro fútbol ha tenido un cambio muy profundo en cuanto a las intenciones de los entrenadores. Eso es para destacar. Y lo del Barcelona ayudó muchísimo porque es muy difícil que alguien al que le gusta el fútbol no se haya sentido identificado y pleno al ver jugar a ese equipo. El Barcelona de Guardiola ha tenido una incidencia a nivel mundial y, en lo particular, yo adhiero a esa manera de jugar y fue lo que intenté llevar a cabo en Newell's. Por eso, en estos últimos torneos argentinos, me gustaba sentarme a ver a Lanús. También a Defensa y Justicia. Me llena mucho observar a equipos que intentan desplegar un fútbol ofensivo con menores capacidades individuales que otros. Indudablemente, en todas partes del mundo existió gente que quiso armar un equipo de fútbol que jugara como el Barcelona. De lo que me ha tocado vivir a mí, por juego y por resultados, ha sido el equipo más decisivo e importante de la historia".

Menotti, sobre esa mención de Martino en cuanto al deseo de muchos entrenadores por intentar jugar como aquel Barcelona, asegura convencido: "Yo digo que el 99,9% de los entrenadores viven envidiando el juego de aquel Barcelona. Todos quisieran ser Guardiola. Pero la gran mayoría no sabe cómo se hace. Sí, se puede decir que Pep es el gran inspirador de los últimos tiempos. Él le ha copiado cosas a algunos entrenadores, pero no creo que haya un solo entrenador que no quiera copiar algo de él".

Ese visible cambio que se aprecia en el fútbol argentino, también ha sido observado por un exfutbolista y actual analista del juego como Diego Latorre, quien compara la era actual con su época de jugador. "Las intenciones ofensivas por ahí ya estaban en algunos entrenadores, pero ahora se ve en la mayoría. Lo que ocurre es que Guardiola introdujo elementos novedosos en el juego. La riqueza que tenía ese equipo de Pep les empezó a abrir los ojos a los entrenadores. Aspectos del juego como fijar los extremos, crear superioridad, la salida de la pelota, el empleo de los laterales... Antes, todo era más acotado. El que jugaba de 8 era 8, el 5 era 5... Siempre hacían más o menos los mismos recorridos. Era impensado estar hablando de superioridad detrás de la línea de la presión. La formación del juego era más intuitiva, no tan racional ni conceptual como ahora. A nosotros nos enseñaron a jugar con nuestros instintos, pero no nos enseñaron tanto a pensar. Hoy el entrenador tiene que ayudar al jugador a pensar, para que pueda resolver los problemas que aparecen dentro de un partido. El fútbol fue cambiando. Pero en cuanto al estilo y al hecho de ser ofensivo, la esencia ya estaba en la Argentina. Por algo Guardiola vino a charlar acá con Menotti y con Bielsa. Lo de abrir la cancha ya estaba presente con Mastrángelo, Ortiz, Bertoni, Houseman... Lo que pasa es que nuestro fútbol se fue degradando con

el tiempo. Los dirigentes, el marco social... Se empezó a jugar con mayores urgencias, con miedo a perder, por lo que los equipos nacen desde ese lugar. El doble cinco en lugar del enganche, las precauciones, los controles, el famoso equilibrio...".

Para Latorre, el mérito de Guardiola es tangible e indiscutible: "Puso nuevamente en evidencia viejos conceptos, pero de una forma magistral, maravillosa. Esta revolución imparable que fue el Barcelona hizo que hasta los italianos empezaran a jugar más. Es cierto que nada garantiza el éxito, aunque hay un valor estético detrás. Si alguien no quiere considerar a la belleza como una virtud, lo acepto. Dos equipos, uno de forma más tacaña y otro siendo más atrevido, pueden llegar al éxito. Como lo hicieron el Leicester y el Bayern Munich en la temporada 2015/16 en la Premier y en la Bundesliga, respectivamente. Pero teniendo esos dos modelos ganadores, ¿cómo elegís sólo al que te da el triunfo? Se ha pervertido mucho el juego. Hay cierto rechazo hacia un determinado estilo porque no se lo emparenta con la eficacia. Pero es un error. Ese Barcelona demostró que se puede ganar jugando bien, que no es una cosa separada de la otra. Ese fue su mayor triunfo".

Apenas asumió como entrenador de San Lorenzo, en octubre del 2012, Juan Antonio Pizzi intentó quitarse de encima la sombra de Guardiola. Su amistad con Pep, haber hecho el curso de técnicos juntos, los años compartidos en el vestuario del Barcelona... Todo eso podía hacer creer que se vería a un clon del catalán. Pero Pizzi no quiso semejante presión sobre su espalda y afirmó: "Aclaro que mi equipo no va a jugar como el Barcelona. Es imposible repetir la mayoría de esas cosas. Verlo me genera impotencia. Guardiola ha dejado un legado porque ese estilo sedujo a mucha gente. En mi caso era sentarme frente al televisor y decir 'puta, cómo me gustaría hacer eso...'. Es imposible". La admiración por ese fútbol de parte del entrenador de la selección de Chile, lo lleva a proponer un juego con una intención similar, de hecho fue campeón con San Lorenzo desplegando un fútbol de ataque. Y eso mismo intenta en la selección chilena, como se observó en la Copa de las Confederaciones 2017. "Mi idea es ser protagonista, que el equipo tenga una identidad. Y eso te lo da la tenencia del balón. El valor de Guardiola está en su valentía para llevar adelante su propuesta. En la Argentina, a veces, se hace difícil porque la presión es muy grande. Sólo un equipo sale campeón y por eso son muchos los entrenadores que cambian a mitad de camino por el temor a ser echados tras algunas derrotas. El consejo para la nueva camada de entrenadores es copiar eso de Pep, la personalidad, la ambición. Al jugador hay que transmitirle confianza y la convicción de la idea".

Sobre la valentía de Guardiola, justamente, también coincide Ricardo La Volpe. El entrenador argentino había sido elogiado por Pep, por como salía jugando su selección de México. En ocasión de una visita del catalán a Buenos Aires, en el 2013, se produjo el primer encuentro entre ambos y La Volpe contó parte de aquel diálogo. "Lo felicité y le dije que le estaba dando un gran ejemplo a los entrenadores argentinos, para que se animaran a salir jugando, a atacar más. El me agradeció y me respondió: 'Hay que sacar el miedo'. Eso valoro de Guardiola, el hecho de ser valiente. Recuperó un sistema de juego que había caducado en el mundo, que ya no se utilizaba, como era el 4-3-3. Lo aplaudo por rescatar ese esquema y por querer salir jugando desde su propio arco. Eso es meritorio porque generó que varios lo copiaran. Lo que hizo fue una gran revolución futbolística".

El que se suma en elogiar la audacia de Guardiola, como sostienen Pizzi y La Volpe, es otro entrenador argentino que también sabe bien lo que es dirigir una selección: Jorge Sampaoli. "Pep es un revolucionario, un valiente que trata de instalar su idea en cualquier sitio. Incluso en Alemania, algo antinatural. Ese es el gran triunfo de Guardiola, no tenerle miedo a nada. Los valientes no abundan en el fútbol ni

en la vida. Por eso, para mí es un ejemplo, por su manera de sentir el fútbol".

Jorge Almirón fue dirigido por La Volpe en México y lo considera el entrenador que más le enseñó. Por pertenecer a la misma corriente ideológica, no llama la atención los elogios que le dedica el entrenador multicampeón con Lanús, otro equipo que dejó huella en el fútbol argentino, al hombre nacido en Santpedor: "Lo del Barcelona ha sido fantástico. Uno veía a ese equipo como espectador y pensaba si era factible poder llevar eso a la Argentina. En realidad, acá hay mucha resistencia por una cuestión de idiosincrasia. Pero ese equipo sentó un precedente a nivel mundial. Lo difícil es adivinar ahora qué evolución puede llegar a tener el fútbol después de esto. No sé qué habrá después, no veo algo superador a la idea del Barcelona de Guardiola, que mostró un montón de cosas: el arquero jugando, la generación de espacios, los laterales bien altos, la recuperación tras pérdida, la sectorización, la tenencia de la pelota, los extremos retrocediendo para recuperar, el mejor jugador del mundo haciendo piques de 20 metros para presionar... Es increíble todo lo que ha logrado ese equipo. Realmente no sé qué puede llegar a venir que supere todo eso".

Si hay un argentino que conoce con detalles el pensamiento de Guardiola, ese es Gabriel Milito. Hasta mediados del 2017, el exmarcador central cumplía con una condición: ser el único futbolista en haber sido dirigido por Pep, que ya había comenzado su carrera como entrenador profesional. "He tenido grandes técnicos a lo largo de mi trayectoria como jugador, pero Guardiola es el que más me ha marcado. Le he copiado cosas, se lo he dicho varias veces, porque me parece un adelantado para la época. El mérito de Pep en ese Barcelona fue decisivo. Dejó un legado porque reúne todos los requisitos que un entrenador puede tener: trabajador, motivador, líder, ofensivo, estudioso, ganador... Él no se conforma con todo lo que conquistó. Siempre busca darle una vuelta de rosca más a la estrategia, a la táctica... Es un obsesivo del fútbol".

A Mauricio Pellegrino, excompañero de Guardiola en su época de futbolista en el Barcelona, le parece lógica la influencia de ese equipo de Messi y cía. en el fútbol argentino actual. "Siempre los equipos que ganan marcan tendencia. Y ese Barcelona le sacó una enorme ventaja al resto. Pep llevó la línea de trabajo a un límite máximo. Creo que desde el 2011, 2012 a esta parte ha cambiado bastante el fútbol en la Argentina. Quizá también influye la renovación que hubo de entrenadores. Lo que se modificó sustancialmente es el trabajo ofensivo. Se nota que en los equipos está más trabajado el ataque. Siempre se trabajó mucho a nivel defensivo, pero en la ofensiva, salvo Bielsa, que me dirigió en Vélez, se confiaba más en el talento individual. La búsqueda por un fútbol más ofensivo está presente, aunque a veces los entrenadores nos terminamos adaptando al contexto y buscamos el camino más corto, para ser más eficaces".

El que también le adjudica a Bielsa un grado de responsabilidad en la mejora conceptual dentro del fútbol argentino es Matías Almeyda. "Creo que nuestro fútbol empezó a cambiar en la época de Bielsa y se profundizó luego con el Barcelona de Guardiola, quien demostró que por medio del buen juego y arriesgando se podían lograr resultados. En lo personal, ha sido un placer ver jugar a ese equipo. Ese estilo, esa forma de jugar, cambió la mentalidad y la metodología de trabajo en la Argentina. Los nuevos entrenadores se sintieron influenciados por eso y propusieron un estilo más ofensivo. Hay muchos que hoy intentan ese juego. Es difícil copiar lo de Guardiola, pero sí es una buena idea para saber cuál es el camino hacia el buen gusto futbolístico".

Marcelo Gallardo fue un admirador de este fútbol del Barcelona en su rol de espectador. Desde la visión de entrenador, en cambio, siempre intentó buscarle algún punto débil, encontrar algún defecto... Fue una tarea inútil. "Yo miré mucho los cuatro años de Guardiola en el Barcelona, pen-

sando cómo carajo se le puede ganar a un equipo así. Nunca hablé con Pep. Estuve en España pero no hice el intento de buscarlo, tampoco porque no quería molestarlo. La verdad es que me hubiese encantado". El primer semestre de su River, a la hora de ejercer una presión alta y de tomar riesgos, fue como una especie de homenaje hacia aquel equipo.

El que sí viajó a Barcelona y pudo intercambiar algunas palabras con Guardiola, además de observar los entrenamientos y tomar nota de todo, fue Facundo Sava. "Creo que todos los entrenadores jóvenes nos hemos sentido identificados con la forma de jugar de ese equipo. Había antecedentes de un fútbol así de ofensivo como el Ajax de Van Gaal, el Arsenal de Wenger o el Barcelona de Rijkaard, pero el Barcelona de Guardiola fue como una versión mejorada, casi la perfección en el fútbol. Yo me considero un privilegiado, por haber podido vivir esos cuatro años como espectador de ese fútbol. Creo que en la Argentina su influencia es clara. Pep nos da lecciones todo el tiempo, permanentemente. En el Bayern, por ejemplo, ponía a los laterales por adentro. En el Manchester City, lo mismo. Siempre está innovando".

Al igual que Pellegrino, Sava cree que llevar a la práctica ese estilo no es tan sencillo y hace su diagnóstico: "En la Argentina es muy difícil poder jugar como ese Barcelona, por un combo que lo complica: los campos de juego que no están en buen estado y conspiran contra la precisión, la presión exagerada de la gente y la falta de convencimiento de los entrenadores ante el temor por algún resultado negativo. El periodismo también influye de manera negativa y las inferiores tampoco ayudan: los juveniles del Barcelona que llegan a Primera, están acostumbrados a esa manera de jugar desde que arrancaron de chicos y en la Argentina hay carencias técnicas y físicas en la formación".

Pablo Guede confiesa que decidió hacerse entrenador luego de ver en acción a ese Barcelona. De ahí su gran admiración por Guardiola. "Hice una parte del curso de técnico con Tito Vilanova, ayudante de Pep, y otra parte con Carles

Planchart, otro integrante del cuerpo técnico de Guardiola. Lo que hizo en el Barcelona fue algo magnífico, nunca visto. Para poder lograr algo parecido en la Argentina, se necesitarían cuatro cosas: ganas de correr, valentía, tiempo y paciencia. Las dos primeras corresponden a los futbolistas y las dos últimas a los dirigentes y a los hinchas. Creo que en el fútbol argentino, el que más cerca estuvo de eso fue el Newell's de Martino. Todo lo que elogiamos de Guardiola es importante, pero bajo mi punto de vista, es sólo el 10%. El 90% de su mérito, que lo hace ser el mejor entrenador del mundo, es cómo cambia de sistema, de táctica y de estrategia en pleno partido. Eso es lo mejor, la capacidad que tiene de modificar su lectura del juego durante el encuentro. Ver esos cambios que hace, es algo espectacular. Lee los partidos como nadie".

El modelo de Guardiola también es admirado por valores que van más allá del estilo futbolístico, tal como destaca Ariel Holan. "Guardiola es el N°1, porque ha sido un tipo que llevó a sus equipos a jugar de una manera que le encanta y seduce a la gran mayoría de los hinchas. Yo estoy en contra del ganar como sea. La ética es clave en el deporte. Si uno pensara, en la sociedad, tener plata como sea, educar a los hijos como sea y demás, entramos en un terreno peligroso donde se empiezan a resaltar más las miserias humanas que las virtudes. Y yo pretendo un fútbol honesto, donde el mensaje sea jugar para ganar, algo que Guardiola ha transmitido desde el primer día. Basta de la trampa. El fútbol en particular y la Argentina en general, no tienen destino si no se basan en valores".

El exentrenador de hockey, que asombró a fútbol argentino cuando dirigió a Defensa y Justicia y supo copiar algunos aspectos del juego de Barcelona en un equipo humilde por pretensiones, historia y situación económica, rescata la convicción de Guardiola. "En ese aspecto lo comparo con Menotti. Nunca vi a un equipo de César que se colgara del travesaño. El Huracán de Cappa fue el equipo que mejor jugó

al fútbol en los últimos diez años en la Argentina, a través de un fútbol noble y ofensivo, sin especular nunca. Después le fue mal en River, pero él no cambió su idea. Siguió insistiendo. Esa convicción es la que rescato de Guardiola y que también veo en Bielsa, en Sampaoli, en Simeone, por más que se traten de estilos diferentes", enumera.

Holan aporta una opinión sobre el concepto de la estética que suele generar amplios debates futboleros en nuestro país. "Yo no veo que la gente se mate para ver un partido por TV del Atlético de Madrid. Me encanta Simeone por lo que logra sacar de sus equipos, pero la gente prefería ver a aquel Barcelona. Ese equipo de Guardiola generaba eso, incluso en los hinchas de los otros clubes, porque fue el mejor equipo de los últimos 20 años".

El fenómeno Guardiola en la Argentina también es analizado por un periodista de reconocida trayectoria como Ezequiel Fernández Moores. "Lo de Guardiola tuvo antecedentes en el fútbol argentino. Primero con Menotti y luego con Bielsa. Lo del Loco fue espectacular en términos del juego de ataque, sobre todo con el discurso y la acción. Su idea estaba vinculada al trabajo, a cómo pensar un equipo desde lo ofensivo. Después, a nivel mundial, Pep mezcló ideas y surgió ese Barcelona histórico. De Guardiola valoro la audacia, la valentía... Me queda en la memoria un partido contra el Real Madrid por una Copa del Rey. A los pocos minutos de juego, el arquero Valdés se equivocó. A la acción siguiente, la defensa volvió a jugar con él. Eso es valentía, esa cosa de decir 'vamos a seguir jugando con nuestro arquero pese a ese error, porque nosotros estamos convencidos de la idea'. En la Argentina hay algunos casos así. El primer valiente que vi fue Menotti, tirando el achique en mitad de cancha y presionando al rival en campo contrario. El Newell's de Martino arriesgaba en el fondo, incluso con su arquero Guzmán. El River de Gallardo, en su primera etapa, me gustaba por no tenerle miedo a ese riesgo. Lo desconocido produce temor y uno a veces se aferra a lo que conoce. Bielsa, Menotti,

Guardiola, son tipos que caminan mucho por la utopía, pero tienen una profunda convicción por lo que son capaces de convencer a sus jugadores, para subirse a ese barco. Ahí se encuentra también el secreto de cómo juegan sus equipos".

Martí Perarnau, exatleta y periodista español, escribió el libro *Herr Pep*, que narra el primer año de Guardiola al frente del Bayern Munich, y luego *Metamorfosis*. Durante toda esa primera temporada en Alemania convivió con Pep y compartió muchas conversaciones. En algunas de ellas, el tema fue la Argentina y así lo cuenta: "Hemos hablado con Pep del fútbol argentino. No tan a menudo por una razón obvia: su foco está permanentemente ocupado en el partido siguiente. Pero con esta salvedad, en ocasiones hemos comentado algunas cosas. Me ha mencionado varias veces sus encuentros con Menotti, largos, fecundos, entretenidos... También me ha hablado sobre Bielsa, por lo general en referencia a algún detalle táctico, como los marcajes al hombre, conceptos de Marcelo o aquel célebre primer duelo entre ambos en el partido Athletic-Barcelona en el San Mamés. En cuando a jugadores, es obvio que ha salido mil veces el nombre de Messi, el extraterrestre. Y me ha mencionado los rasgos como jugador de Mascherano: fidelidad, intensidad y concentración".

Sobre esta corriente que ha llegado a este lado del planeta, comenta: "Sé que existe la sensación de que los entrenadores emergentes quieren darle un nuevo impulso al fútbol argentino. No sé al detalle si se encuentran influenciados por Guardiola, pero es evidente que Pep está teniendo una influencia poderosa en el fútbol mundial desde su aparición como entrenador del Barcelona. En la historia del fútbol han habido muchos entrenadores ganadores, pero poco revolucionarios. Pep, además de ganador, es uno de ellos. Su legado, igualmente, todavía está por completarse. Creo que recién se encuentra a mitad de camino. Por el momento, puede decirse que él ha reivindicado tres ámbitos muy concretos: el resurgimiento de determinadas figuras tácticas existentes

en el pasado, como el falso 9, la pirámide 2-3-5 o el jugar con dos extremos; el fútbol ofensivo que implica atacar siempre y la búsqueda del 'imposible' fútbol total".

La distancia con España, donde se encuentra radicado, no evita que un agudo y certero observador del fútbol, como Jorge Valdano, desmenuce qué similitudes y diferencias ve entre el fútbol que pregona Guardiola y el que se juega en nuestro país. "Hasta no hace mucho, en el fútbol argentino se veía un juego que era todo lo contrario a la propuesta de Pep. Habría que ir muy atrás para encontrar parentescos o puntos en común. Con el fútbol argentino sí existe una complicidad con Guardiola, porque 'la nuestra' está grabada en nuestro código futbolístico. Iba a decir código genético, pero no quiero exagerar. Es una cultura que está en la calle, en el bar de la esquina, en la cancha... ya no se puede hablar solo del potrero. Es la admiración hacia la técnica individual, la pelota como ombligo del fútbol, la propuesta generosa que tanto orgullo provoca en el jugador de verdad. En ese lugar, Guardiola y los jugadores argentinos coinciden seguro. Mascherano y Messi, seguramente, han sido testigos de esa idea".

Valdano intenta buscar esos posibles puntos de conexión: "La mayor diferencia que hoy noto, no tiene que ver con la intención sino con el ritmo, que en los equipos de Guardiola es infernal. El de la pelota, digo. Lo demás tiene que ver con la evolución del fútbol, que se está olvidando de los gambeteadores, a los que en la Argentina queríamos tanto. Los equipos de Guardiola le rinden culto al pase, aunque también es cierto que siempre necesita de extremos que jueguen en el mano a mano".

La influencia de Pep es una verdad irrefutable para Valdano. "Después de ese Barcelona noté diferencias y cambios en muchos sitios y los dos últimos mundiales son el ejemplo máximo. En Sudáfrica ganó España, con cinco, seis y hasta siete jugadores del Barcelona en su equipo; en Brasil ganó Alemania, con no menos de cinco futbolistas del

Bayern Munich entre los titulares. Más pruebas que esas, para demostrar la influencia de Guardiola en el fútbol mundial, es imposible. Claro que es difícil y claro que se puede. Para jugar como los equipos de Pep hay que tener conocimientos, valentía y una convicción por un tipo de juego tan atrevido como revolucionario".

La reflexión final, para definir ese vínculo entre Guardiola y el fútbol argentino, la da el mayor ícono del balompié nacional, Diego Armando Maradona: "Es un técnico que cambió el juego en estos últimos años. Claro que tiene cosas nuestras, de nuestro fútbol... Pep tiene la filosofía del Flaco Menotti, los huevos del Coco Basile y es ganador como yo".

DE LOS ARGENTINOS A GUARDIOLA

MICHELIN

CAPÍTULO 1

AQUELLAS CHARLAS CON VALDANO Y CAPPA

"A ustedes, los argentinos, les gusta hablar mucho pero mucho de fútbol... Y en aquellas reuniones clandestinas con Jorge Valdano y Angel Cappa, a mí me avisaban para ir y yo quedaba anonadado".
Pep Guardiola

Ya desde muy joven, cuando Johan Cruyff lo convocó para entrenarse con el plantel profesional del Barcelona, allá por principios de los años 90, Pep empezaba a mostrar su convicción futbolística a partir de lo aprendido en La Masía, esa escuela de cracks que posee el club catalán y que es el buque insignia de la institución, en cuanto a estilo de juego se refiere. Pero ser dirigido por el mítico exfutbolista y entrenador holandés, lo ayudó a fortalecer aún más sus ideas y a terminar de entender cómo se debía jugar al fútbol. A diferencia de otros jugadores de su generación, Josep Guardiola parecía estar dotado de una inteligencia superior para visualizar, antes de tiempo, las acciones dentro del campo de juego. La correcta lectura de lo que acontecía durante los partidos, lo transformaron más temprano que tarde en el líder futbolístico de su equipo. Esa virtud le permitía ocultar sus limitaciones, en cuanto a la contextura física, y lograr imponerse en la mitad de la cancha, de un conjunto con aspiraciones siempre máximas como el Barcelona. Con la continuidad como aliada, que es fundamental en el deporte, Pep no tar-

dó demasiado en comenzar a destacarse como un volante central fino, de muy buen manejo, excelente para el anticipo defensivo y a su vez conductor, capaz de iniciar las jugadas en la ofensiva de aquel famoso Dream Team de Cruyff, que contaba con cracks de la talla del búlgaro Hristo Stoichkov, del danés Michael Laudrup, del holandés Ronald Koeman y luego también del brasileño Romario, y que supo conquistar no sólo España, sino también Europa.

A su ideología, a su manera de ver y sentir el fútbol, le fue incorporando cada vez más conceptos de la prestigiosa escuela holandesa. Lo hizo como receptor de la línea directa que bajaba Cruyff en cada entrenamiento, en cada charla, en cada indicación, y que tenía su primer eslabón en la figura de Rinus Michels, el autor intelectual del Ajax de principios de los 70 que sorprendió a toda Europa y el padre de la Holanda del Mundial 1974, la que fue bautizada como la Naranja Mecánica o el Fútbol Total y que deslumbró al mundo entero. Pero Pep, apasionado por el juego y dueño de una curiosidad bastante llamativa, por tratarse de un futbolista, comenzó a indagar sobre otros estilos. No se encerró en conceptos fundamentalistas sino que decidió abrir el juego, como lo hacía dentro de la cancha, cuando desde el círculo central buscaba el pase hacia las bandas. Esa apertura mental, le sirvió para analizar otras opciones y alternativas a su idea base con el objeto de enriquecerse. Y en esa búsqueda encontró, casi de casualidad, a dos argentinos que en ese entonces comandaban al humilde Tenerife: Jorge Valdano y Ángel Cappa. En las temporadas 1991/92 y 1992/93, Guardiola enfrentó a aquel equipo de las Islas Canarias que sorprendía a todos en la Liga española. No solo por haberle arruinado el título al poderoso Real Madrid en esas dos temporadas consecutivas, al vencerlo en la última fecha de cada campeonato, sino por la marcada identidad futbolística de aquel conjunto pequeño, pero con sueños de grandeza que tenía en sus filas, entre otros, a los argentinos Fernando Redondo, Diego Latorre, Juan Antonio Pizzi y Oscar Dertycia.

Ninguno de los protagonistas en cuestión recuerda, con exactitud, cómo ni cuándo fue el primer encuentro. "Creo que fue una cena con amigos en común en Barcelona", intenta dar una pista Valdano. Pero entre ellos tres había varios puntos en común, que propiciaron el contacto fuera del verde césped. Cappa, exayudante de campo de César Luis Menotti en el Mundial de España en 1982, en ese entonces era el segundo hombre de Valdano en el Tenerife. Y él recuerda la conexión que existía entre ellos cuando se producían aquellas charlas. "Lo que nos unía básicamente era el concepto que teníamos sobre el fútbol. La idea de jugar bien. Después, había matices, claro. Nosotros veníamos de la escuela argentina, llevando la bandera de Menotti, y él estaba impregnado de Cruyff, Michels y la llamada escuela holandesa. Pero en líneas generales, la idea y la intención eran parecidas, buscar ganar pero jugando bien al fútbol, con un estilo definido que llevaba implícito el cuidado por las formas y por la estética. Su Barcelona fue el mayor exponente del fútbol bien jugado. Yo digo que fue como Brasil del 70, pero con mayor velocidad".

Cuando Valdano y Cappa dejaron las Islas Canarias y se instalaron en la capital española, para dirigir los destinos del primer equipo del Real Madrid, en abril de 1994, comenzaron aquellos encuentros. "Era algo que nos lo debíamos, porque estaba claro que existía una sintonía que excedía los límites de la rivalidad entre el Madrid y el Barcelona", subraya Valdano. Allí, Guardiola comenzó a alimentarse de los conceptos que identificaron, durante largo tiempo, al fútbol argentino. "Desde siempre fue muy curioso y un apasionado total por el fútbol. Le interesaba todo lo relacionado con el juego. Y eso que en ese momento era un simple jugador. Pero así y todo era capaz de ver videos de los rivales, en la semana previa a los partidos, por decisión propia. Por sus inquietudes se notaba claramente que ya tenía alma de entrenador, sin dudas. Nos preguntaba bastante sobre el fútbol argentino, por supuesto. Hablaba maravillas de

Maradona, a quien no pudo disfrutar con la camiseta del Barcelona porque era un niño, pero sí lo siguió en el Napoli y en la Selección Argentina. Pep quería saber todo. Hasta de La Máquina de River nos llegó a preguntar", recuerda Cappa todavía hoy sorprendido por el interés de Pep, en interiorizarse sobre aquel histórico equipo argentino de los años 40, que ganó varios campeonatos con una notable superioridad sobre el resto y cuya famosa delantera aún se recita de memoria: Muñoz, Moreno, Pedernera, Labruna y Loustau.

Valdano, en tanto, recuerda mediante una asombrosa anécdota, un aspecto puntual de Guardiola a la hora de charlar de fútbol: "Recuerdo su pasión desbordante. Digo desbordante porque a Pep no le alcanzan las palabras para transmitir lo que piensa y siente. Las palabras parecen escupirlas y, como no le alcanza para convencer, se ayuda con su cuerpo. Cuando él estaba en Nueva York, en su año sabático tras dejar el Barcelona, quedamos en ir a comer y mi hijo, que se sentó al lado suyo, recibió una paliza... Porque Pep te convence a puñetazos. Es el día de hoy que mi hijo todavía se agarra su brazo cada vez que hablamos de Guardiola, recordando aquella comida. Ese entusiasmo que tiene por el fútbol es una característica de su extraordinario poder de transmisión. La pasión contagia".

Cappa, exentrenador de Huracán, entre otros clubes que dirigió, se detiene en una característica muy marcada de Guardiola: la curiosidad. "El salía del edificio en donde vivía en ese entonces, se cruzaba con el portero en la puerta, que había nacido en Montevideo, y se ponía a hablar del fútbol uruguayo. Le preguntaba por Montero Castillo, por Francescoli, por Paolo Montero, por Peñarol y Nacional, por ejemplo... Y eso lo hacía con cualquier persona con la que pudiera lograr informarse sobre algo relacionado con el fútbol, sea del país y de la profesión que sea. En ese aspecto, no marcaba ningún tipo de distinción. Todo le era útil".

Pese a la histórica rivalidad existente entre el Real Madrid y el Barcelona, Guardiola seguía juntándose con la dupla argentina, cada vez que podían, para charlar sobre fútbol. Aunque varias veces, Pep los recibía directamente en su casa como una forma de evitar la mirada curiosa de los ocasionales testigos. Sería difícil imaginar en el fútbol argentino que el volante central de Boca, por ejemplo, se reúna a tomar un café y hablar del juego con el entrenador y el ayudante de campo de River. Sin embargo, por distinta idiosincrasia, en España se daban ese lujo. Valdano acota: "Nunca nos importó la mirada ajena. Terminaba un clásico y si nos encontrábamos en algún pasillo, nos pasábamos media hora hablando sin importarnos quién pasaba cerca. Siempre hay gente que mira mal este tipo de cosas. Pero como no era un acto de espionaje sino de interés cultural y futbolístico, además de amistad, nunca vimos la necesidad de escondernos. Para mí el fútbol está antes que cualquier cosa. Si se trata de un tipo decente, con conocimiento y amor por el juego, me da igual la camiseta que tenga. La rivalidad nunca fue un obstáculo. La pena es que vivimos siempre en ciudades diferentes y eso no permite que nos encontremos con mayor frecuencia".

Cappa agrega detalles de esos diálogos: "No recuerdo bien la cantidad pero fui varias veces a su departamento. Nos quedábamos horas charlando. Y discutíamos, debatíamos, obviamente... Para él, por ejemplo, el fundamento del juego, el gran secreto, pasaba por la presencia de los extremos. Él decía que la clave en el fútbol empezaba en los delanteros que jugaban sobre la banda, no para que el equipo fuera más ancho sino más profundo. Hablaba, sin decirlo con las mismas palabras, de los wines, un puesto que hasta mediados de los años 80 era muy utilizado por los equipos del fútbol argentino. Si bien a España llegaba muy poco de nuestro país, en materia de imágenes de partidos, él decía que el fútbol debía jugarse en campos regados previamente, para que el piso rápido debido al agua hiciera más dinámico el juego. Y eso era lo que cuestionaba de nuestro fútbol argentino, que el césped de las canchas solía estar seco y alto

por lo que el desarrollo y el traslado era algo más lento que lo que él esperaba".

Acá, un extracto de una conversación con Guardiola que Cappa publicó en su libro *¿Y el fútbol dónde está?*. Allí charlan sobre la velocidad del juego:

—Cappa: Dicen que el fútbol es más rápido porque ha evolucionado. Por eso me gustaría que hablaras sobre la velocidad en el fútbol.

—Guardiola: Me imagino que todos los argentinos saben qué es la velocidad.

—Cappa: No, todos no.

—Guardiola: Bueno, yo siempre he dicho que habría que exigirles a todas las federaciones que obliguen a cortar el césped bien cortito y mojar un poco el campo para que así pueda ir más rápido la pelota. Yo tuve un entrenador que me decía que el pase siempre es mucho más veloz que cualquier jugador.

—Cappa: Laudrup era más rápido en el fútbol que Carl Lewis.

—Guardiola: Eso seguro.

—Cappa: En otras palabras, la pelota es más rápida que el jugador.

—Guardiola: Claro. Por eso los equipos que juegan a uno o dos toques siempre son más rápidos que cualquier otro equipo del mundo.

Sobre la utilización de delanteros que jugaran sobre las bandas, Cappa agrega: "A él le gustó mucho el Ajax de Van Gaal que jugaba con extremos fijos, bien definidos, como Finidi y Overmars. Pero también mostraba su encanto por la presión del Milan de Arrigo Sacchi y porque ese conjunto italiano jugaba siempre en campo contrario. Yo le decía que ese Milan no tenía wines o extremos como él pretendía y de igual manera brillaba. Así que también teníamos nuestras buenas discusiones futboleras".

Lo que marcó un cambio en el Guardiola futbolista, fue comprender que las jugadas en el fútbol no eran casi nunca accidentales y que el azar tenía una incidencia menor a la que él creía cuando comenzó su carrera. "Pep, ya de jugador, supo ver que el fútbol tenía un fundamento. Que las cosas que pasaban dentro del campo de juego no eran fortuitas, más allá de la inventiva que podía tener determinado jugador. Su interés estaba en descubrir porqué pasaban las cosas que pasaban dentro de un partido y eso lo hacía un futbolista diferente, con otra visión. Él ponía todo en duda, pero no porque no creía sino como herramienta para llegar a la verdad", lo define Cappa comparándolo, sin querer, con algunos de los grandes filósofos que dejaron su sello en la historia de la humanidad. Los que creían que, para arribar a una verdad, el secreto pasaba por cuestionar.

Ambos continuaron el contacto, aunque la vida los haya llevado por distintos caminos. Un ejemplo de ese diálogo fluido fue el Mundial de Estados Unidos, en 1994. Guardiola, en la primera y única Copa del Mundo que disputó, solía comunicarse telefónicamente con el entrenador argentino en los ratos libres en la concentración del seleccionado español, para charlar sobre fútbol e intercambiar opiniones sobre lo que acontecía en ese torneo. "En una de esas charlas le pregunté cómo se sentía al ser dirigido por Javier Clemente, que tenía una idea muy antagónica a la que nosotros y él defendíamos. Y me dijo: 'Ángel, cuando entro al campo de juego y comienza el partido, somos la pelota y yo'. Con esa frase quedaba muy claro que, ya a esa altura, Pep era extremadamente fiel a una idea", recuerda Cappa. Un signo de madurez para un hombre que, en aquella Copa del Mundo, tenía recién 23 años.

Una de las principales diferencias que surgían en esos encuentros futboleros, estaba puesta en un duelo conceptual: los pases versus la gambeta. Guardiola pregonaba el pase como idea madre y piedra fundamental para avanzar en el campo en busca del gol. La gambeta, eludir a un rival mediante una acción individual que requería de una cierta dosis de talento, pertenecía al terreno intuitivo. No lo recha-

zaba, pero para su punto de vista era un recurso secundario, no primordial en lo que respecta a la elaboración del juego. Su prioridad tenía que ver con el funcionamiento colectivo. Valdano y Cappa sí incluían en el repertorio ofensivo a la gambeta, la expresión de desequilibrio individual, la muestra de la inventiva personal capaz de romper cerrojos defensivos imposibles. No la censuraban. Pep tampoco, aunque pregonaba el pase como elemento distintivo y necesario para destruir dispositivos defensivos rivales. Ángel rememora: "Una vez, en una reunión con Guardiola, él me preguntó cómo sería para mí el gol ideal. No me dejó responder. Me dijo que, conociéndome, seguramente era con alguien gambeteando... Él me contó que tenía otra idea. Que su gol ideal era uno en el que los 11 jugadores de su equipo, se pasaran la pelota sin que el rival la pudiera tocar y que el último la empujara a la red". Esa idea de supremacía, como si fuera una profecía autocumplida, se vería reflejada años después en su Barcelona, que además de los récords en cuanto a títulos conseguidos también dejó marcas imbatibles en materia de posesión del balón. Aunque ese equipo histórico dirigido por Pep tuvo un pequeño gran detalle que el propio Cappa se encarga de remarcar: "Pudo conseguir aquel sueño del toque como bandera, pero él debió aceptar que en esa formación tuvo a un tal Lionel Messi, capaz de definir por sí mismo el resultado de un partido y utilizando la gambeta, paradójicamente, como herramienta principal".

Hay una anécdota que los involucra y que se desarrolló en un partido de la Liga española. Fue en uno de aquellos duelos entre el Tenerife y el Barcelona, disputado en marzo de 1994, que Cappa se encarga de desmenuzar: "En aquel Dream Team, Cruyff, a veces, marcaba hombre a hombre si el partido lo requería. Y en uno de esos encuentros en los que nos cruzamos, Guardiola le fue a hacer marca personal a Latorre, que era nuestro jugador libre de la mitad de la cancha hacia adelante. Así que al ver que por el medio Diego no podía desequilibrar ante la presencia de Pep, le ordenamos que fuera a jugar de wing para generarle un problema a Guardiola: si ir hacia la banda acompañando a su adversario o quedarse en la zona del círculo central que era de su propiedad". A ese relato conviene agregarle el aporte del propio Latorre. "Guardiola me pedía que no me fuera para la banda. 'Hostia chaval, no te muevas de aquí que este puto técnico me ordenó perseguirte', me decía. El técnico era Cruyff", recuerda el hoy comentarista deportivo con una sonrisa. Y agrega: "Fue brillante. Yo jugaba de segunda punta, detrás de Dertycia. Y me movía libre. Cuando me iba hacia una de las bandas, él me seguía e insultaba. No le gustaba salir de su zona de confort. Cuando se iba hacia los costados se sentía extraño. Además, Pep no tenía el biotipo del hombre que persigue a un rival por todos lados. Yo creo que Cruyff no quería desarmar demasiado el equipo y le habrá dicho a Guardiola que me marcara. 'Coño, ven para acá, hostias', repetía". De paso, añade: "Guardiola era una radio encendida dentro de la cancha. Yo no recuerdo en mi carrera, en un partido, a un jugador que diera tantas indicaciones como él. Y lo hacía en base a su liderazgo futbolístico, no de prepotente. 'Vení acá', 'tomá', 'andá'... Así constantemente".

En el 2014, cuando el Bayern Munich de Pep estaba por afrontar la revancha contra el Real Madrid, por las semifinales de la Champions League en el Allianz Arena, Latorre viajó a Alemania para transmitir aquel partido para la TV argentina y el día anterior se cruzó con el entrenador. "Pep tiene una memoria prodigiosa. Se acordaba de mí y de aquel partido con Tenerife... También me preguntó por Cappa, a quien aprecia mucho. Le conté que Ángel estaba comentando para una radio de Madrid. Hablamos un rato y fue una charla muy amena".

La amistad con Jorge Valdano, al igual que con Cappa, también perduró en el tiempo. Incluso se mantuvo en épocas más complejas, hasta políticamente incorrectas. Como cuando Guardiola ya dirigía al Barcelona y Valdano era nada menos que el secretario deportivo del Real Madrid, con José

Mourinho como entrenador. Allegados al ex delantero argentino, campeón del mundo en México 86, afirman que en esa época, Valdano tenía una comunicación más fluida con Pep (el entrenador del eterno rival) que con Mou (su propio técnico), con quien acabaría distanciado. La diferencia era coherente. Desde lo ideológico, Valdano estaba mucho más cerca de Guardiola. Y así lo hizo saber en varias oportunidades. En su libro *Los 11 poderes del líder* definió a Pep como un entrenador conceptual y de Mourinho dijo: "Nunca he escuchado, en público o en privado, una frase suya sobre el fútbol digna de ser recordada". Y para ampliar la distancia entre uno y otro, comparó: "Pep es Mozart y Mourinho, Salieri. Es decir, sería un gran músico... si no existiera Mozart".

Cuando en el 2006, el de Santpedor volvió a España luego de haber visitado por primera vez la Argentina, hacia donde llegó con ansias de adquirir más conceptos para su futura carrera de entrenador, se encontró con Valdano. "Le bastaron unos días para darse cuenta de que no podría dirigir en nuestro fútbol. 'Son demasiado apasionados', me dijo. Esa definición suya llevaba implícito un elogio", contó Jorge en una entrevista a medios argentinos en pleno Mundial de Brasil.

Sobre el fundamentalismo que mostraba Guardiola en cuanto a la influencia de los extremos en un equipo de fútbol, Valdano dibujó una gran metáfora en una nota en España: "Pep admira a Cruyff y ama jugar con wines. Hasta tal punto que si jugara en la playa pondría a un compañero en la orilla del mar y a otro en la escollera".

Siempre, pese a que las camisetas del Real Madrid y del Barcelona los dividían, Valdano defendió a Guardiola, a quien valoraba "por dignificar la profesión". En el 2012, en una entrevista, le regaló uno de los elogios más significativos por el valor simbólico de dicha palabra: "Guardiola es un revolucionario". El pesado adjetivo encierra la valoración de Valdano por el trabajo hecho por Pep, teniendo en cuenta el contexto. Ese Barcelona rescató un estilo que parecía estar quedando en un segundo plano dentro del Planeta Fútbol. Los recientes antecedentes hacían sospechar de ese inevitable destino: Grecia, con un estilo netamente especulador, en las antípodas de lo que fue luego ese Barcelona, se había coronado en la Eurocopa 2004 e Italia, con un fútbol más cercano al clásico Catenaccio que siempre lo caracterizó, se había quedado con el Mundial de Alemania 2006. Eran épocas de un solo delantero, con el enganche en vías de extinción y el doble cinco gozando de muy buena salud. Hasta que en el 2008 surgió ese equipazo emblemático y, como dijo en una oportunidad César Luis Menotti, "fue un huracán devastador que arrasó con toda la trampa y la mentira".

Para Valdano, como bien lo hizo saber por aquellos años dorados del Barcelona, Guardiola era algo así como 'el Steve Jobs del fútbol'. Y lo justificó: "Probador, valiente, innovador, amante de la belleza... Es un referente a la hora de hablar de este deporte. Y se lo ganó legítimamente, con todo derecho. La mayoría de los entrenadores ama más el resultado que el juego. Por eso Guardiola es el gran revolucionario de estos días. Porque alcanzó el resultado desde el amor al estilo, al juego, a los jugadores...". Sí, un Pep adelantado a su época y líder de una cruzada por un fútbol mejor.

El contacto con Valdano también se mantuvo con el tiempo y al día de hoy sigue siendo permanente. De hecho, ambos almorzaron juntos el día después de la muerte de Cruyff. El argentino eleva la figura de Pep no por el éxito obtenido. Le da una entidad mucho más superadora. "Guardiola ve el fútbol como un territorio en el que la grandeza es posible. El nunca hace trampas porque siempre es valiente y con eso despoja al fútbol de todas sus miserias. En definitiva, Guardiola es un ejemplo".

En otro de sus libros, llamado *Liderazgo* y publicado en 1999, Valdano transcribió un diálogo con Guardiola. En el mismo, Pep, que aún era futbolista, contaba que en su casa veía videos del Real Madrid, el próximo rival... Acá, una pe-

queña parte en la que Jorge ya descubre la futura profesión del catalán:

—Guardiola: Cruyff era el que más te hablaba, el que más información te daba. El que te convencía más. Corregía aspectos a los que otros entrenadores no les daban ninguna importancia. En mi caso ha sido fundamental. Soy mejor futbolista porque he estado con Cruyff. Él nos hizo vernos mejores, pensar que jugábamos mejor que nadie. Hay cosas que no he visto hasta que no me las ha dicho. Porque hay cosas de las que no te das cuenta hasta que te las razonan. Los modelos no se ganan en tres jornadas ni en medio año. Hay que crear un estilo, que sepan a qué jugamos. Que los que están en Rusia sepan que vas a jugar de esta forma. Esto tiene que estar por encima del entrenador. Es decir, nosotros jugamos así, el club juega a esto y nosotros fichamos a este entrenador para jugar de esta manera.

—Valdano: Oye Pep, y cuando seas mayor, ¿qué quieres ser?

—Guardiola: No lo sé. Yo creo que entrenador.

—Valdano: Entrenador ya eres.

CAPÍTULO 2

PIZZI Y PELLEGRINO, COMPAÑEROS EN EL BARCELONA

"En el vestuario del Barcelona me ha tocado estar con Pizzi y también con Pellegrino y con ambos he hablado mucho sobre el futbolista argentino. Me han contado de la necesidad económica de los que arrancan a jugar y cómo el fútbol suele ser la única salida de la pobreza para la mayoría de ellos".

Pep Guardiola

Así como en su etapa de futbolista en España se cruzó con Jorge Valdano y Ángel Cappa, Guardiola también llegó a relacionarse con otros dos argentinos, pero dentro de las cuatro paredes del mismísimo vestuario del Barcelona: Juan Antonio Pizzi y Mauricio Pellegrino. Con ambos, Pep tiene en común que luego de retirarse del fútbol eligieron ser entrenadores. Y tanto Pizzi como Pellegrino coinciden en remarcar que, como compañeros del catalán, ya percibían que luego de colgar los botines, Guardiola continuaría ligado al fútbol como director técnico. Al menos, le veían ese perfil. Como ya lo habían visualizado Valdano y Cappa, ellos también notaban que Pep era un hombre profundamente interesado por los asuntos tácticos y estratégicos del juego y que esa pasión derivaría en su actual profesión en el banquillo. "Un verdadero apasionado", lo definen.

Pizzi y las canciones argentinas

El exdelantero de Rosario Central, entre otros clubes en los que jugó a lo largo de su carrera, fue fichado por el Barcelona a mediados de 1996. Jugó allí durante dos temporadas, el tiempo suficiente como para afianzar una amistad con Pep que trascendió la relación de compañerismo entre ambos. Sus respectivas esposas, por ejemplo, aún son amigas pese al tiempo y la distancia. En lo estrictamente futbolístico, hay un gol histórico que los unirá por siempre. El 12 de marzo de 1997, por la vuelta de los cuartos de final de la Copa del Rey, el conjunto culé perdía 3 a 0 en el Camp Nou contra el Atlético de Madrid, luego de que en la ida igualaran 2 a 2. Parecía perdido porque faltando poco para el final, el Atleti seguía ganando pero 4 a 2. Hasta que descontó Figo, luego empató Ronaldo y faltando ocho minutos, Guardiola envió un centro al área, Abelardo cabeceó, el arquero dio rebote y Pizzi la metió de volea para un 5-4 histórico. “Fue inolvidable. Y mucho más porque finalmente ganamos esa Copa del Rey”, recuerda el exdelantero. Además de aquella conquista, ambos lograron dos títulos más en dicha temporada: la Recopa de Europa y la Supercopa de España.

Como Pizzi ya se había nacionalizado español y jugaba para la selección de aquel país, la relación con Pep era aún más estrecha ya que compartían viajes y concentraciones también con el seleccionado. “Éramos un grupo de siete, ocho jugadores que coincidíamos en el Barcelona y en la selección. Tantas horas juntos nos fortaleció como grupo y generó una afinidad especial, sobre todo con Pep, quien era muy abierto al diálogo y le gustaba relacionarse con todos. Además, hay que sumarle que hicimos buenas campañas en aquellas temporadas y los éxitos suelen unir más a un plantel. La afinidad luego se extendió a nuestras familias, a nuestras esposas. Después, con el tiempo, la distancia y las obligaciones de cada uno hicieron que se enfriara un poco el contacto, pero la amistad perdura al igual que los lindos recuerdos de aquella época", cuenta el entrenador de la selección de Chile.

En la segunda temporada de Pizzi en el club catalán (1997/98), ambos quedaron fascinados al ser dirigidos por Louis Van Gaal, sin dudas uno de los entrenadores de mayor influencia para los dos. Juntos obtuvieron esa temporada tres títulos más: la Liga, la Copa del Rey y la Supercopa de Europa. Ahí es donde Juan Antonio observó con mayor nitidez la pasión de Guardiola por entender el juego. "Se notaba el gusto que tenía por el fútbol, su ideología... Además, era dueño de una gran personalidad. Y a eso le agregaba su facilidad para expresarse. Todo eso coincidía con lo que él quería transmitir, que era la idea del fútbol que había aplicado Cruyff". Para Pizzi, el fútbol era la vida de Pep. "Era nuestro principal tema de conversación. Sus comentarios sobre fútbol eran constantes. Hablaba de nuestro equipo, de los rivales, de quién jugaba bien, qué jugador se destacaba en la Liga, así todo el tiempo...". Más allá de esa característica, el exdelantero también notaba otros aspectos que hacían de Pep un futbolista diferente. "Tenía una gran capacidad para imponerse en el vestuario, pero sin llegar a ser autoritario. Se lo veía como a un auténtico líder positivo. Era indudable, en aquella época, que ya contaba con fuertes argumentos como para ser un buen entrenador el día de mañana. Hablaba mucho dentro del plantel y lo llamativo era su liderazgo pese a su edad. Era joven y les hablaba con firmeza a futbolistas con mayor experiencia y edad. Así como dentro de la cancha no paraba de dar indicaciones para ordenar al equipo, afuera también era la voz cantante del grupo. Era, claramente, lo que nosotros en la Argentina llamamos el referente del equipo".

En su estadía en Barcelona, Pizzi descubrió la admiración que sentía Guardiola por el fútbol argentino y su especial curiosidad por conocer todo lo que significaba la pasión en nuestro país. "Cuando me tocaba viajar a la Argentina, a

mi regreso a España venía Pep y me pedía que le cantara la última canción que se escuchaba en las tribunas de la Bombonera o del Monumental. Yo se las cantaba y a él le interesaba saber el contexto de las letras. Me preguntaba '¿por qué los de Boca le cantan eso a los de River?' o '¿por qué una hinchada le canta a otra que abandonó?'. Quería saber todo. Lo más divertido era después, cuando lo veías en el vestuario o en los entrenamientos cantando las canciones de Boca, de River o de Central como un hincha más... Era muy gracioso". Sí, aunque suene inverosímil, Guardiola cantaba los hits de las hinchadas argentinas, allá por mediados de los 90. Pero su atención por las costumbres de nuestro país no se detenía solo en las canciones. "Él solía repetir palabras que yo usaba, típicas nuestras como 'forro' o 'boludo'. Las decía porque les causaban gracia, pero también era una forma de demostrar su cercanía conmigo, de que existiera un lenguaje que nos uniera más".

El destino, luego de llevar a cada uno por distintos lugares del mapa, volvió a unirlos en España algunos años después, más precisamente en Madrid. Aquellas charlas futboleras que solían compartir en su época de jugadores, no quedaron sólo en anécdotas. Lo más significativo es que ambos hicieron juntos el curso de entrenador. Fueron unas largas y extenuantes 455 horas en la sala de la Real Federación Española de Fútbol. El 13 de junio de 2005, luego de una frustrante experiencia como técnico en Colón de Santa Fe (dirigió tres partidos y fue despedido al perder los tres), Pizzi se presentó en la Ciudad de Fútbol de Las Rozas, para cursar el nivel 1 de la carrera de entrenador. Ese día, recién aterrizado desde Qatar, donde venía de jugar en el Al-Alhi, apareció Pep Guardiola. Ellos dos eran integrantes de la lista de 35 exfutbolistas dispuestos a salir de ahí, luego de completar los tres niveles, con el diploma de entrenador bajo el brazo. De esa nómina, 12 habían jugado en el Barcelona. Entre ellos, un excompañero y amigo en común de ambos: Luis Enrique.

Para participar de dicho curso debían cumplir uno de estos dos requisitos: un mínimo de ocho temporadas como futbolista de Primera División o cinco partidos como internacional con la camiseta de la selección de España, algo que Pizzi tenía en su currículum, ya que se había nacionalizado español y jugó en el seleccionado entre 1994 y 1998. En el curso tuvieron materias como Bases anatómicas y fisiológicas del deporte, primeros auxilios e higiene, Bases psicopedagógicas de la enseñanza y el entrenamiento, Fundamentos sociológicos, Organización y legislación, Técnica individual, Reglamento, Seguridad Deportiva, Táctica y sistemas de juego. Esta última, la preferida de Pep.

"No siempre los buenos alumnos luego son buenos entrenadores. Pep era un caso especial porque ya como jugador se notaba que tenía pasta para esto. En el curso todos estábamos con el mismo objetivo: obtener el título para luego poder dirigir. Recuerdo que teníamos un mes intenso de cursada y luego eran cinco meses de prácticas. El segundo nivel y el tercero tenían el mismo formato: un mes de mucha teoría, casi concentrándonos en el lugar, y cinco de trabajos de campo. En el caso de Pep, él debió interrumpirlo y completarlo después porque finalmente se arrepintió del retiro y decidió irse al fútbol mexicano para jugar un tiempo más. Él quería ser dirigido por Juan Manuel Lillo y de paso conocer otra cultura", aclara Pizzi.

Con Guardiola comparte el ABC de la idea futbolística. "Lo que pretendemos de nuestros equipos es priorizar la tenencia de la pelota y a partir de ahí iniciar el desarrollo del juego, buscando constantemente el arco rival. Ser protagonistas", esgrime Pizzi, quien agrega: "Cuando hicimos el curso, Pep ya sabía todo, tenía en la cabeza una idea y estaba claro de que iba a ponerla en práctica el día que fuera entrenador".

Ambos volvieron a cruzarse en Buenos Aires, a mediados del 2013, cuando Pep vino a dar una charla en el teatro Gran Rex. Y públicamente, Guardiola le envió un mensaje una vez

que Pizzi fue designado entrenador de la selección chilena, en febrero del 2016. En plena conferencia de prensa, en la previa de un partido del Bayern Munich, el entrenador catalán recordó su buena relación con Juan Antonio y manifestó: "Es un gran amigo, un gran tipo. Jugamos juntos en el Barcelona y tiene una familia espectacular. Estoy muy contento que haya asumido este reto tan importante y le deseo toda la suerte del mundo. A la gente buena le tiene que ir bien".

Una semana después de aquella efusiva felicitación, Pizzi anduvo unos días por Europa e hizo un viaje relámpago a Alemania para charlar con Arturo Vidal, mediocampista del seleccionado chileno y dirigido por Pep en el Bayern Munich. Por la escasez de tiempo no pudo juntarse con Guardiola. Y unos días más tarde, también durante una conferencia de prensa, Pep le pasó 'factura' por no visitarlo. "No pude verlo. Me llamó después, cuando ya se estaba yendo. Le pregunté por qué no me había avisado que venía, pero sé que ya volverá. No tuve la suerte de encontrarlo, pero ya tengo su teléfono y cuando regrese a Europa hablaremos. Lo que necesite de Arturo sabe que estoy a disposición". Seguramente, algún mensaje posterior con la palabra 'forro' o 'boludo' los habrá hecho reír a los dos...

Pellegrino y el rancho quemado

Para el comienzo de la temporada 1998/99, el Barcelona buscaba un zaguero central. Louis Van Gaal, el entrenador, quería a su compatriota Frank De Boer, a quien ya había dirigido en el Ajax de Holanda. Como las negociaciones estaban complicadas y parecía no haber retorno, el club catalán buscó otra alternativa antes de que cerrara el libro de pases. Y posó los ojos sobre Mauricio Pellegrino, quien venía de ser campeón con Vélez Sarsfield en el reciente torneo del fútbol argentino. Finalmente, lo del defensor del Ajax no prosperó y el argentino fue el que arribó a Catalunya. Su estatura, su experiencia pese a su juventud y su buena temporada en el club de Liniers fueron suficientes motivos para que el Barcelona pactara con Vélez, el préstamo por un año.

"Cuando llegué al vestuario del Barcelona me encontré con un plantel con muchos extranjeros, muy variado en cuanto a nacionalidades. Por una cuestión de idioma, rápidamente me acerqué a los españoles. Con ellos era con los que más relación tenía. Y Guardiola fue uno de los primeros en acercarse y ofrecerme su ayuda para lo que necesitara", recuerda Mauricio.

Hay una anécdota que los une hasta estos días. La empieza a contar Lu Martín, periodista del diario *El País* de España en ese entonces y testigo del hecho. "El Barcelona le había ganado 1 a 0 al Valladolid por la Liga y estábamos en el aeropuerto esperando embarcar. En eso, al lado mío y de Pep, Pellegrino comienza a hablar por teléfono con alguien que se encontraba en la Argentina. Se ve que le preguntaron por cómo había sido el desarrollo del partido y Mauricio tiró una frase: 'En el segundo tiempo se nos vinieron con todo y se nos estaba quemando el rancho'. A Pep le quedó aquella frase. Le llamó mucho la atención. Primero se rió bastante y luego quiso saber cuál era su significado. Doy fe de que al día de hoy, él emplea aquella frase de Pellegrino cuando quiere expresar que su equipo no la pasó bien. Me la ha mencionado en alguna conversación que he tenido con él, durante su estadía en el Bayern". El actual entrenador argentino agrega al respecto: "Recuerdo aquella conversación en el aeropuerto y también cómo se sorprendió Pep al escucharme. Me cargaba mucho con ese término. También le gustaba repetir la palabra 'forro', típica de los argentinos y graciosa para ellos. La decía a propósito a cada rato... Creo que se la había escuchado a Pizzi, quien fue compañero de él en el Barcelona justo antes de mi llegada al club. Cuando yo llegué, Juan se fue y no coincidimos".

Las charlas con Pellegrino solían ser fluidas. Siempre con un tema principal como denominador común: el fútbol. "Allá en España no es tan común como en la Argentina eso de que te juntás con uno o varios amigos en un café y te ponés a hablar de fútbol. Sin embargo, Pep sí lo hacía. En los hoteles, cuando concentrábamos, le gustaban las sobremesas para hablar del juego. Ya a esa altura le interesaba mucho. Él, además, solía juntarse a comer con Valdano. Una vez me invitó y fuimos a cenar. La pasamos bárbaro. Contamos muchas anécdotas, fue una linda experiencia...", rememora. Y buscando en la memoria algún recuerdo en común con el de Santpedor, suma otra historia: "Una vez salimos por un momento del fútbol como única tema y hablamos de música. Le conté que a mí me gustaba Joan Manuel Serrat y justo al poco tiempo viene y me dice que Serrat iba a tocar en un predio ahí en Barcelona. Me dijo para ir a verlo. Yo fui acompañado por mi mujer, pero tuvimos un problema: Serrat se la pasó cantando toda la noche en catalán. Pep y el resto del público cantaban y nosotros con mi señora sólo mirábamos, je...".

Pellegrino también fue víctima de la frenética curiosidad de Guardiola. "Cuando hablábamos de fútbol, me preguntaba mucho sobre el fútbol argentino. Quería saber cómo entrenaba Bianchi, qué métodos tenía Bielsa... Dos entrenadores que yo había tenido en Vélez". Sí, el entonces 5 del

Barcelona ya se preocupaba por saber la forma de dirigir de dos entrenadores argentinos. Todo un anticipo de hacia dónde enfilaría su carrera.

A nivel personal y humano, no tiene objeciones. "Pep demostró ser un buen tipo conmigo. Fue un buen compañero". Y su futuro como entrenador parecía bastante claro para Mauricio: "Ya se veía que tenía potencial para dirigir cuando dejara el fútbol. Siempre transmitía cosas sobre el juego".

A mediados de la temporada, Van Gaal se dio el gusto de poder tener por fin a De Boer. Ante ese panorama, Pellegrino comenzó a tener menos continuidad en el primer equipo. Al finalizar la Liga ganada por el Barcelona, el club decidió no hacer uso de la opción de compra y el defensor argentino regresó a Vélez para luego marcharse, casi sin escalas, al Valencia. Pese a ello, la experiencia en Catalunya fue positiva para el exdefensor. "Pep, Luis Enrique y otros me ayudaron mucho en mi estadía en Barcelona. Sabían que era nuevo y estaban pendientes de mí. Fueron buenos anfitriones y me quedaron buenos recuerdos. Ganamos la Liga y sumé experiencia, que fue importante para mi posterior carrera en Europa".

CAPÍTULO 3

CON YLLANA Y BATISTUTA EN ITALIA

"Mi paso por el fútbol italiano fue una experiencia muy útil para mi carrera. Recuerdo que en la Roma, Bati me dijo que si quería ser entrenador, debía tener una charla con Bielsa".

Pep Guardiola

El estilo Pep en el Brescia

Su curiosidad por entender y vivir el fútbol de otra manera, como ya ha sido consignado por distintos protagonistas argentinos que se relacionaron con él, lo llevó en los primeros meses de 2001 a tomar una decisión tan drástica como sorpresiva: dejar el Barcelona, el club de toda su vida, donde había jugado ininterrumpidamente desde su debut en 1990. Guardiola sintió que había cumplido un ciclo, no se encontraba cómodo con ciertas disputas internas de la institución que lo afectaban y creía necesario un cambio de aire. Su intención inicial era jugar en el Calcio, más precisamente en la Juventus, el club que lo había cautivado desde muy chico por la admiración que tenía por Michel Platini. En aquel comienzo de 2001 existieron negociaciones entre Josep María Orobitg, su representante, y Luciano Moggi, el director general del club turinés. Sin embargo, cuando parecía que estaba todo acordado, no se llegó al acuerdo final. En el medio de los distintos encuentros entre las partes, Marcelo Lippi re-

emplazó a Carlo Ancelotti en el banquillo y le bajó el pulgar a Pep porque tenía otras prioridades a la hora de reforzar el equipo. Pese a tener varias ofertas de clubes de distintas ligas del mundo, finalmente eligió aceptar el llamado del pequeño Brescia, por el desafío que le generaba jugar en Italia y en un club humilde que acababa de ascender a la Serie A. Otra realidad y otro contexto comparado con su vida en el Barcelona. Igualmente, el proyecto se presentaba alentador. Como el objetivo era reforzarse para permanecer en la máxima categoría, la dirigencia presidida por Luigi Corioni incorporó a algunos jugadores top, como el propio Guardiola, además de Roberto Baggio, Andrea Pirlo y Luca Toni.

En su estadía en el club de la región de Lombardía, Pep coincidió con otro argentino: Andrés Yllana. El exjugador de Gimnasia y Esgrima de La Plata había llegado al club el año anterior, para convertirse en uno de los artífices del ansiado ascenso. El entrenador era el experimentado Carlo Mazzone, un tano simpático pero con carácter fuerte, que no se abrazaba al famoso Catenaccio pero lo miraba con cierto cariño. Es decir, defensa férrea como prioridad y juego directo para llegar al arco rival. Rápidamente, como era de imaginarse, el estilo tan opuesto de Guardiola chocaría con el de su nuevo director técnico, quien apenas arribó Pep realizó una conferencia de prensa y aseguró que la decisión de contratar al catalán no había sido suya sino de los propietarios del club.

Uno de los privilegiados testigos de aquel contrapunto ideológico que, rápidamente, surgió entre Guardiola y su entrenador fue justamente Yllana. "Recuerdo que apenas llegó Pep, el entrenador no estaba muy convencido de su incorporación. En la primera práctica de fútbol, Mazzone me puso a mí de 5 en el equipo titular y a Pep lo mandó a jugar de 5 para los suplentes. Antes de arrancar, el entrenador se acercó y me dijo: 'A Guardiola andá a presionarlo. A los españoles no les gusta que los presionen. Ellos están acostumbrados a moverse con espacios. Que sepa cómo se juega al fútbol acá en Italia'. La cuestión es que le hice caso. Cada vez que

Pep agarraba la pelota, yo iba a encimarlo. Sin embargo, la realidad es que nunca lo pude encontrar ni estuve cerca de poder quitársela. Tenía una claridad tan grande que cuando yo llegaba, él ya había pasado la pelota. Y si yo no iba a apretarlo, ahí sí la agarraba y jugaba. Un fenómeno total. Me asombraba ver cómo siempre tomaba la decisión correcta con el balón", cuenta.

Yllana también puede dar fe de las imperdibles discusiones futbolísticas que se armaban entre Guardiola y Mazzone en las charlas técnicas. Era tal la pasión de Pep que apenas llegó al club, pidió videos de los rivales del Calcio para analizarlos en su casa. Le quedaban algunos años más de carrera, pero ya asomaban en él gestos de un futuro entrenador. "Los miércoles hacíamos siempre doble turno y entre una práctica y la otra, el director técnico nos explicaba de qué manera jugaríamos el próximo partido. Eran tremendas las discusiones que ambos tenían. Siempre con mucho respecto, por supuesto. El entrenador prefería tirarla arriba e ir en busca de la segunda pelota, por ejemplo. Pep levantaba la mano y opinaba. Le decía que si el balón era nuestro lo teníamos que controlar nosotros, no dividirlo con el rival. Mazzone, para chicanearlo, le decía que los españoles nunca habían ganado nada y Pep le respondía que en Italia no se jugaba bien al fútbol. Nunca me pasó en mi carrera de que un compañero discutiera tanto del juego con el entrenador", asegura.

¿Cómo terminó aquella pulseada? El argentino lo cuenta: "Le costó pero, de a poco, Guardiola fue convenciendo a Mazzone y a todo el plantel. Fue imponiendo su idea, sus convicciones. Y a mí me gustaba su estilo. Tiempo después, el equipo comenzó a jugar como Pep quería. Y eso que éramos un club chico que venía de la Serie B. Pero Pep sostenía que había que defenderse con la pelota, que había que llegar al arco rival a través de la tenencia y de los pases, no a través de los pelotazos. Ya se veía en aquellas discusiones que su futuro estaba como técnico. Con su extraordinario poder de

convencimiento los compró a todos. Se los puso a todos en el bolsillo, incluso a Mazzone, con quien terminó teniendo una muy buena relación".

Cuando ya había podido instalar su idea, un asunto extrafutbolístico lo dejó un tiempo fuera de carrera. En el partido ante el Piacenza, disputado el 21 de octubre y en el que salió a los 27 minutos del segundo tiempo, reemplazado justamente por Yllana, Guardiola dio positivo de nandrolona en el control antidoping y recibió cuatro meses de suspensión. "Estaba muy apenado por la sanción porque no entendía por qué había dado positivo. Decía que estaba seguro de no haber tomado nada para mejorar su rendimiento. En esos meses se lo vio preocupado, pero con ganas de demostrar que todo había sido un error. El tiempo, por suerte, le dio la razón", recuerda Andrés. Así fue: siete años después, cuando ya se había retirado del fútbol, la Justicia italiana, lenta pero segura, reconoció su inocencia. El parate le salió caro: aquellos cuatro meses sin jugar y una posterior lesión lo dejaron sin chances de integrar la selección española para el Mundial 2002.

El mediocampista argentino, quien llegó a jugar varios partidos compartiendo la zona del círculo central con Guardiola, dice haber sido un admirador de la lectura del juego que tenía su colega catalán. "Lo que más me asombraba de él, era lo bien que leía cada partido. A veces, dentro de la cancha, uno suele moverse para un lado o para el otro por intuición. Él, en cambio, lo hacía por el gran conocimiento que tenía del juego. Era muy inteligente. Se la pasaba dándonos órdenes a mí y al resto de los compañeros sobre cómo nos teníamos que parar. A mí me decía cuándo ir hacia afuera, cuándo cerrarme... Fue una gran experiencia compartir una cancha con él. Lo mirabas y creías que lo que él hacía lo podías hacer vos, pero era imposible... Parecía fácil, pero no lo era. Aprendí mucho al lado suyo. Lo que Pep veía dentro de un partido en unos pocos minutos, el resto de los mor-

tales lo podía notar un rato después mirando el video. Era fantástico en ese aspecto".

En el Brescia lo pudo observar en vivo y en directo, pero Yllana ya conocía bastante los movimientos de Guardiola. Unos años antes, cuando el oriundo de Rawson, provincia de Chubut, integraba el plantel de Gimnasia y Esgrima La Plata, el entrenador Carlos Timoteo Griguol lo retaba en los entrenamientos: "Hasta que no corras tan rápido para atrás como lo hacés para adelante, no vas a jugar en Primera. Ni al banco te voy a llevar". Y en las concentraciones, el Viejo Timoteo lo llamaba para mostrarle videos de... ¡Guardiola en el Barcelona! "Griguol pretendía que yo jugara como lo hacía Pep, ja. Cuando lo tuve de compañero en el Brescia, le contaba esa anécdota y los dos nos reíamos juntos".

El argentino, quien trabaja como entrenador en las Divisiones Inferiores de Gimnasia La Plata, recuerda una jugada puntual que pinta de cuerpo entero, lo que era capaz de hacer Guardiola gracias a su visión y panorama dentro del campo de juego. "En el estadio San Siro, le ganábamos 1 a 0 al Inter de Cúper y ellos apretaban buscando el empate. En una jugada, Pep agarró la pelota recostado sobre el sector derecho de nuestro campo y metió un cambio de frente largo y preciso a la posición de nuestro extremo izquierdo en campo rival. Recuerdo que lo aplaudió toda la cancha. No parecía un futbolista por su contextura física, pero en su cabeza tenía una computadora. Sabía todo".

Curioso como era, el de Santpedor solía hablar del fútbol argentino y de la Argentina con Yllana. "Era un tipo que no paraba de hablar en todo el día, muy preguntón, ja... Nos llevábamos muy bien fuera de la cancha, era una persona con una gran humildad. Quería saber todo. Me preguntaba de qué región de Argentina venía, cómo era Rawson, el lugar donde había nacido... Y del fútbol argentino también charlábamos. Me hablaba del piso seco de las canchas de nuestro país como algo que no favorecía al buen juego. Yo le decía que el césped de las canchas del fútbol argentino, solía estar

alto en la gran mayoría de los estadios. No estaba de acuerdo con eso. Y él siempre me repetía que del jugador argentino, lo que más admiraba era el carácter, la personalidad... 'Ustedes son cabrones, pero cuando hay partidos difíciles, siempre aparecen', me decía".

Quizá la mejor anécdota que guarda Yllana de Guardiola tiene que ver con la despedida de Pep del Brescia. "Antes de irse del club hablamos por teléfono porque ya no iba a volver a aparecer por el entrenamiento. 'Te dejé un regalo en el vestuario', me avisó. Al otro día fui y había una remera firmada por él que decía: 'Yo tuve el placer de jugar con vos. Con mucho afecto, Pep'. Me sorprendió el gesto. Sin dudas, una gran persona. Por eso me alegré mucho cuando logró todo lo que logró como entrenador del Barcelona. Ver jugar a ese equipo, era sentir que Guardiola había logrado su objetivo: que los jugadores plasmaran su idea dentro del campo".

En el banco con Bati

A mediados de 2002, luego de finalizar su primera temporada en el Brescia, Guardiola recibió el llamado de la Roma, más precisamente de su presidente Franco Sensi. Su nivel era bueno, estaba afirmado como titular y el conjunto de la capital de Italia le presentaba la oportunidad de volver a disputar la UEFA Champions League. Pronto llegaron a un acuerdo. Allí, en el conjunto giallorosso, se cruzó con otros tres argentinos: Gabriel Batistuta, Walter Samuel y Leandro Cufré. Con el que rápidamente tuvo una relación más estrecha fue con el goleador de la Selección Argentina. Ambos coincidieron en que debieron sufrir las decisiones de Fabio Capello, el entrenador en ese entonces del conjunto romano. Es más, compartieron más partidos sentados en el banco de suplentes que dentro del campo de juego.

Fue Bati el que, al notar las grandes inquietudes sobre la táctica y la estrategia que tenía Pep, le recomendó que intentara acordar una charla con un especialista en la materia: Marcelo Bielsa. No era el momento, pero Guardiola anotó en su agenda el nombre del entonces entrenador de la Selección Argentina, a quien Batistuta conocía, además del seleccionado, de sus inicios en Newell's. Fue una cuenta pendiente que Pep pudo cumplir años después. Pero ese es otro capítulo de esta historia...

Con Capello arrancó de titular en la pretemporada, pero al comenzar el campeonato italiano, un par de resultados negativos provocaron que el entrenador decidiera cambiar el estilo, adoptando una estrategia más conservadora, y que Pep fuera al banco. Como en esos seis primeros meses jugó muy poco, arregló con la Roma retornar al Brescia, que lo esperaba con los brazos abiertos. Allí, claro, volvería a tener continuidad. Con Batistuta, con el que compartieron varios partidos de la Copa Italia, se juntaría nuevamente unos meses más tarde y en un destino impensable quizás

en ese momento: el fútbol de Qatar. Y en cuanto a la capital de Italia, volvería seis años después al estadio Olímpico, pero para levantar la Champions League como entrenador del Barcelona.

En aquel segundo semestre de 2002, en la Roma, a Guardiola lo une una anécdota con Batistuta. Luego de haber perdido 3 a 1 con el Arsenal de Inglaterra, por la segunda fase de la Champions League, Capello quiso hablar a solas con los titulares de aquel partido, dejando fuera de la reunión a los suplentes. "¿Acaso nosotros formamos parte de otro equipo?", habría dicho Guardiola, uno de los relegados, en el vestuario. Según publicó el diario italiano *La Repubblica*, Bati intentó mediar entre las partes y eso terminó en una fuerte discusión con el entrenador. Al finalizar dicha temporada, el goleador argentino también se marcharía de la Roma.

Ya en Qatar, a mediados de 2003, volvieron a encontrarse. Allí, en el ocaso de sus respectivas carreras, coincidieron en la pasión por el golf. Ambos pasaban juntos varias horas al día. "Le tomamos el gustito al golf. Por el calor, los entrenamientos con el equipo suelen arrancar a las seis de la tarde así que acá tenemos tiempo de sobra. Pep es hándicap 14 y yo 18, pero hace sólo un año que juego y espero seguir bajando", le contaba Bati a un medio español por aquella época. También en ese exótico fútbol, Guardiola compartió ratos con otro argentino: Claudio Caniggia. "Cenamos juntos un par de veces y nos encontramos en la tribuna de algún estadio, de manera casual. Hablé poco con él, pero de Pep me quedó lo apasionado que era por el fútbol. Te hablaba de los mejores jugadores del torneo, de cómo jugaba un equipo, cómo lo hacía el otro... Tenía un gran conocimiento de una liga que, entonces, era desconocida para la gran mayoría de nosotros", recuerda el exdelantero de la Selección Argentina. El Pájaro fue uno más de los tantos argentinos, como Batistuta, que conocieron cara a cara la pasión de Pep por el fútbol.

CAPÍTULO 4

EL ENCUENTRO CON VELASCO

"A Guardiola le interesaba saber todo lo que tenía que ver con el manejo de un grupo. Con el tiempo vi cómo utilizó aquellas máximas. Cada cita en la que hace referencia a mi persona es uno de los más grandes honores de mi carrera".

Julio Velasco

En el año 2006, Josep Guardiola decidió embarcarse hacia Buenos Aires, a modo de viaje de estudios, previo al arranque de su nueva profesión. El objetivo era entrevistarse con algunas personalidades del fútbol argentino, para seguir adquiriendo conocimientos que le fueran útiles a la hora de dirigir. Pero casi cuatro años antes de aquel vuelo con destino a nuestro país, Pep ya había tenido un encuentro con un entrenador argentino. Fue en Italia, cuando él jugaba en la Roma. El interlocutor en cuestión, no dirigía a ningún equipo de fútbol sino a la exitosa selección italiana de voleibol. Era Julio Velasco. Vale la pena leer la historia relatada por el propio Guardiola, quien en su charla en el teatro Gran Rex de Buenos Aires, en el 2013, contó cómo fue que se conocieron:

"En el tramo final de mi carrera, estaba un día en mi casa, en Roma, viendo televisión. Cambiaba de canal sin otra intención más que pasar el tiempo y de repente me quedé enganchado con una entrevista. Era un señor que hablaba en italiano, pero no como un italiano. Evidentemente era argen-

tino, je... Era Velasco, el entrenador del mítico equipo de la selección italiana de vóley con la que ganó todo. Empecé a escucharlo con atención y quedé fascinado por las cosas que dijo y por cómo las dijo. Y en ese momento pensé: 'A este tío lo tengo que ir a ver'. Yo tenía tiempo porque no jugaba casi nunca en la Roma y empecé a mover los hilos para conseguir su teléfono. Una vez que lo tuve en mis manos, dudaba en llamarlo o no. Al final me decidí. 'Hola señor Velasco, soy Pep Guardiola y me encantaría juntarme con usted a comer', le dije".

La respuesta del argentino fue positiva. "Nunca antes alguien procedente del fútbol me había llamado para decirme que quería charlar conmigo", admite Velasco, quien recuerda algo de lo que había dicho en aquella nota transmitida por la RAI. "Dije que la vida no es un campeonato. El mundo no se divide entre ganadores y perdedores. La diferencia fundamental sigue siendo vivir entre buenas y malas personas. Entre las buenas personas hay ganadores y perdedores y entre las malas personas, también. Hay que saber diferenciar lo que es un campeonato, lo que es una empresa y lo que es la vida de todos los días. A veces se pone demasiado el modelo para todos los aspectos de la vida y eso no es correcto".

¿Qué fue lo que le llamó la atención a un futbolista, que se aproximaba al retiro, de un entrenador de otro deporte? Principalmente, lo que escuchó sobre cuestiones basadas en el liderazgo y en la conducción de grupos, materias consideradas fundamentales por Pep desde mucho antes de que pensara convertirse en entrenador. Más allá de los aspectos del juego en sí, a Guardiola le interesaba bastante averiguar cómo administrar, con éxito, los egos dentro de un vestuario. Así que sintió que Velasco era uno de los hombres indicados para interiorizarse sobre el tema y conocer su método. Por eso, libreta y lapicera en mano, Pep se dirigió entusiasmado a la cita. Se iba a encontrar con un entrenador de destacada trayectoria deportiva, que en su colección de títulos con la selección italiana figuraban dos mundiales de voleibol, tres campeonatos europeos, una medalla de plata olímpica y cinco Ligas Mundiales.

"De todas las cosas que me dijo Velasco en aquella cena, hubo algo que me quedó grabado para siempre: 'La clave de todo es saber tocar la tecla correcta'. Y me lo explicó: 'Yo tengo jugadores a los que les encanta que les hable de táctica, pero hay otros que después del minuto no puedes hablarles más porque no les interesa. A unos les encanta que les hables delante del grupo y hay otros a los que es mejor llevártelos a tu despacho para decirles algo'. Ahí comprendí que esa es la clave de todo y hay que encontrarla porque no está en ningún libro. Es algo intransferible, por eso es tan hermoso nuestro oficio. Es mentira eso de que a todos tus futbolistas los debes tratar por igual", fue la conclusión a la que arribó Pep tras aquella charla. Comprendió que, así como luego él derribó varias supuestas verdades absolutas, Velasco lo había convencido de que también era falsa aquella vieja sentencia que dice que todos los jugadores deben ser tratados de la misma forma.

Ya como entrenador, varias veces puso en práctica aquel consejo de Velasco. Y él mismo recordó un ejemplo: "En mi primer año al frente del Barcelona tenía a un jugador al que necesitaba mucho, de nivel top, que no estaba jugando mal, pero tampoco lo estaba haciendo bien. Ahí me acordé de Velasco y le dije: 'A las 7 de la tarde te espero en el bar del hotel'. Recuerdo que tomamos algo y hablamos. Sin tener nada preparado, conversamos sobre su familia y la mía, nada de táctica. Después de eso pagué la cuenta y nos marchamos. Al día siguiente ganamos 4 a 0 y él metió tres goles. Luego vino a mi despacho y me dijo: 'Gracias Míster'. Le contesté: 'No, los goles los has metido tú'. Pero esa es la famosa tecla. Yo sabía que después de esa charla iba a hacer un buen partido, lo sabía".

Sobre conducción de grupos, Gabriel Milito puede hablar con conocimiento de causa porque convivió tres temporadas con Pep. Y quien fuera el entrenador de Estudiantes e

Independiente marca la capacidad de liderazgo como una de las mayores virtudes de Guardiola. "Pep logra la empatía del jugador por su tremendo conocimiento. Él te decía antes de los partidos, lo que iba a suceder dentro del campo de juego. Y lo que él había dicho, ocurría. No sólo eso... Preparaba los partidos de tal forma para que cada jugador tuviera distintas opciones para manejarse dentro del campo, de acuerdo con las circunstancias y variables del juego. Era tan grande la convicción del plantel que si Guardiola hubiese llevado a todo el grupo al techo del hotel más alto del mundo y les hubiera pedido que se tiraran al vacío que no les iba a pasar nada, todos los jugadores se habrían tirado sin dudar y sin mirar siquiera qué había abajo".

Más allá de que su personalidad ya la había forjado a lo largo de su carrera como futbolista, es indudable que aquella charla con Velasco potenció su creencia sobre la importancia de poder manejar un grupo integrado por tantas estrellas, donde la administración de los egos individuales no es tarea sencilla para ningún entrenador. De hecho, esa diferenciación la manifestó internamente en el plantel con respecto a Lionel Messi, como para dejar en claro en el vestuario del Barcelona que Leo era el jugador distinto y que, por ese motivo, podía tener algunos privilegios.

Años después, una vez que Guardiola se había consagrado como entrenador del Barcelona, Velasco, que no suele hablar demasiado con la prensa, concedió una entrevista a un programa de la radio argentina Vorterix. Y allí se extendió sobre aquel encuentro: "Debo decir que Guardiola es una persona increíble. Su inteligencia le permitió, cuando quería ser entrenador, intentar formarse u obtener conocimientos de gente por afuera del fútbol. Sé que se entrevistó con muchas personas. Incluso, su mano derecha es Manel Estiarte, quien fue un gran jugador de waterpolo. Recuerdo que me llamó y me pidió de encontrarnos. Me dijo que me había visto en una entrevista en la televisión italiana y quería dialogar sobre algunas cuestiones. Acepté, fuimos a cenar y conversamos durante tres horas. Me preguntaba de todo. Nunca nadie me preguntó tanto... Lo que yo le contestaba, lo iba anotando en su libreta. Preguntaba y anotaba. Le interesaba saber todo lo que tenía que ver con el manejo de un grupo. Le dije que era un arte y después, con el tiempo, vi cómo él utilizó aquellas máximas. Hoy puedo decir que cada cita de Guardiola, en la que hace referencia a mi persona, es uno de los más grandes honores de mi carrera en el deporte".

Velasco hizo alusión a una de las cuestiones que habló con Guardiola: la didáctica. "Le dije que si uno no puede convencer a los jugadores, no sirve. Si yo no les explico por qué les pido lo que les pido, ellos no lo van a hacer. No les podemos decir 'esto es así y punto'. El trato con los futbolistas debe ser de seducción. La estrella del equipo no debe tener privilegios, aunque tampoco se puede tratar a todos los integrantes del plantel de la misma manera. Cada uno tiene sus formas y sus tiempos". En un momento de la cena apareció el ejemplo de Diego Armando Maradona en el Napoli, quien solía tener concesiones por su carácter y su condición de *fuoriclasse*. "Cuando hay un caso así, lo mejor que puede hacer un entrenador es explicitar esa desigualdad. Que todos sus compañeros tengan en claro la situación".

En aquella cita, Velasco reconoce haber sentido que charlaba con un 'intelectual': "Me sorprendió mucho que un futbolista en actividad, se preocupara tanto de temas relacionados con el liderazgo. Quería profundizar sobre el manejo de grupos, los problemas derivados de la relación con los jugadores y conceptos del aspecto psicológico. Me impactó su avidez por conocer y comprender, digna casi de un intelectual".

Más allá de la alusión a Velasco, en aquella charla que brindó en el teatro Gran Rex, Guardiola también se refirió al prestigioso entrenador de voleibol en otra entrevista. "Yo sabía que él había revolucionado el voleibol en Italia y en el mundo. Y lo quise conocer. Aprendí esa noche que no todos deben ser tratados por igual. Que a cada futbolista, para sa-

carle lo mejor, tendré que tratar de diferente modo. A algunos, invitarlos a comer fuera del trabajo; a otros, citarlos en mi despacho; a otros, preguntarles qué hacen en su tiempo libre... Lo fascinante de esto es buscar qué decirle y cómo tratar a cada uno para llevarlo a tu terreno, que es conseguir sacar lo mejor de él", expresó. Pep reconoció que no es una tarea sencilla. Y dio un ejemplo de cuando esa 'tecla' le funcionó mal. "Ustedes dirán 'este tío es un fenómeno, todas las teclas que toca, acierta'. Pero no. Recuerdo una semifinal de Champions que habíamos perdido en la ida. La prensa especulaba con quiénes serían los centrales, aunque yo tenía clarísimo quién iba a jugar. Después de un entrenamiento me acerqué a uno de ellos y le dije: 'Estoy dudando mucho quién va a jugar mañana'. Al final, lo puse. Y lamentablemente, nos eliminaron. Al cabo de un mes, ese defensor me dijo: 'Aquella vez me hundiste. Yo me comía el mundo, pero vienes y me dices eso... Me hundiste'. Y sí, sentí que la había cagado, je...".

Aquella cena en Roma, en el 2002, no fue la única vez que ambos se juntaron. Después de ganar la Champions League con el Barcelona en el 2008, al vencer casualmente en la capital italiana al Manchester United, Guardiola volvió a comunicarse con Velasco porque ahora tenía una nueva inquietud que le generaba dudas, una decisión que debía tomar y que sentía que él podía ayudarlo a través de algún consejo. La reunión, esta vez, no fue en Roma. Velasco era el entrenador de la selección española de voleibol y el encuentro se produjo en Barcelona. El argentino lo contó en una entrevista publicada en el diario argentino *La Nación*. "Me pidió que nos juntáramos en Madrid. Quería hablar de cómo cambiar un equipo cuando gana. 'Yo vi que cambiaste luego de ganar todo con la selección de Italia', me dijo Pep. Así que charlamos sobre eso. Yo le di mi parecer. En ese momento, Guardiola estaba en pleno proceso de decidir si dejaba ir a Samuel Eto'o para que llegara Zlatan Ibrahimovic. Además de eso, me contó sobre su manera de hacer jugar al Barcelona, me dio detalles tácticos. Fue muy generoso en contar todo lo que había aprendido".

Luego de aquel segundo contacto, Guardiola tomó una decisión difícil: la salida del club del camerunés Samuel Eto'o, quien había hecho una muy buena temporada. Sin dudas, el triplete conseguido en su primer ciclo al frente del Barcelona, le dio una mayor espalda para tomar aquella determinación que incluyó el posterior fichaje del sueco Zlatan Ibrahimovic. La jugada terminaría curiosamente de mala manera, al menos en lo extrafutbolístico: Eto'o e Ibra son dos de los pocos futbolistas que critican a Guardiola por sus manejos fuera de la cancha.

La admiración de un hombre tan exitoso en lo suyo como Velasco, por otro hombre que también dejó una huella en el deporte como Guardiola, habla de la inmensa grandeza de ambos. "Esos dos encuentros se los podré contar a mis nietos", aseguró Julio, quien en una etapa de su carrera, antes de aquella primera conversación con Pep, había dejado de ser entrenador de voleibol para convertirse en el director deportivo de la Lazio y luego en el manager deportivo del Inter de Milán. Luego de aquellas dos experiencias, Velasco repartió algunos conceptos sobre lo que había visto. "El fútbol es un deporte que es juzgado livianamente desde afuera. Es muy complejo y difícil de llevar adelante. Es la única empresa donde todo lo que ocurre se sabe en el momento y en todos lados. Cualquier pelea, cualquier decisión, se sabe al instante. Gestionar eso es algo muy complejo". Justamente por sentir en carne propia aquellas dificultades, es que valora aún más lo realizado por Pep. "De Guardiola me llama la atención su seguridad, su liderazgo y las ganas que tiene de seguir aprendiendo. Este último factor no es muy común en los deportistas que han ganado mucho. Guardiola tiene una personalidad muy equilibrada. Es de destacar la convivencia de su fuerte liderazgo, del asumir las responsabilidades reconociendo a su vez el valor de los jugadores".

En una entrevista en la revista deportiva *Líbero*, de *Página 12*, Velasco también se refirió a Guardiola. Consultado sobre la admiración que tiene Pep por él, el actual entrenador de la Selección Argentina de voleibol respondió: "Yo lo admiro más. El fútbol es mucho más difícil que el vóley y lo que hizo él fue enorme. A mí no me gusta Guardiola sólo cuando gana. También cómo enfrenta y analiza las cosas. No solo cómo hace jugar al equipo. Eso es muy democrático y yo creo en la diversidad. Democracia es la convivencia de gente que piensa muy distinto y en el deporte, que no es una ciencia, es bueno que convivan diferentes modos. No es que a mí me gusta el fútbol de Guardiola, a mí me gusta Guardiola".

CAPÍTULO 5

CON MATUTE MORALES EN MÉXICO

"En mis años de jugador nunca me pasó de integrar un plantel en el que un jugador tuviera injerencia en las cuestiones futbolísticas. Sin dudas, Pep era un tipo distinto, especial...".
Ángel Matute Morales

A fines del 2005, luego de jugar durante dos temporadas en el Al-Ahli de Doha, Pep Guardiola consideró que su ciclo en el exótico fútbol de Qatar había finalizado. Hacia allí había viajado luego de su experiencia en el fútbol italiano, seducido por los petrodólares de los jeques árabes. El fútbol qatarí llenó sus bolsillos, pero no sus inquietudes en torno al juego. "Yo siempre he robado ideas. Lo he hecho en España, en Italia, en Qatar... Bueno, en Qatar, en realidad, he mejorado el swing jugando al golf, je", bromeó en el 2013, cuando brindó una charla en la Argentina.

Cerca de cumplir los 35 años, Pep sentía que estaba dando sus últimos pasos en el fútbol. Su intención era jugar seis meses más. A lo sumo, un año. La idea era retirarse luego de vivir la experiencia de actuar en otra liga. ¿Cuál? No lo tenía claro. Primero tuvo la oportunidad de jugar en la Premier League. Viajó a Inglaterra y se entrenó durante una semana con el plantel del Manchester City. Sí, el mismo club al que volvió a mediados de 2016 para ser su entrenador. La posibilidad quedó desechada. Surgió, en ese entonces, la

chance de venir al fútbol argentino y ponerse la camiseta de River Plate, previa recomendación de César Luis Menotti a José María Aguilar, presidente de la institución de Núñez. Sin embargo, las negociaciones no prosperaron y la opción de verlo en la Argentina murió casi antes de nacer. Estaba todo dado, entonces, para que colgara los botines y finalizara el curso de entrenador. Hasta que recibió un llamado de Juan Manuel Lillo. Uno de sus referentes en el fútbol, a quien había conocido en España logrando rápidamente un feeling por las coincidencias ideológicas, había aceptado el desafío de dirigir a los Dorados de Culiacán, un equipo modesto del fútbol mexicano que aspiraba a no descender a la segunda categoría. Juanma fue el que terminó convenciendo a Pep de jugar en México, país al que, a diferencia de Qatar, no viajó por una cuestión económica. Las crónicas de los diarios deportivos mexicanos de aquella época reflejaban la novedad del importante dinero que había resignado Pep al firmar. El incentivo no era llenar la billetera sino ser dirigido por Lillo y realizar, casi inconscientemente, la transición de futbolista a entrenador. Lo que quería llenar era su cabeza...

En aquel plantel, como le sucedió cuando actuó en Barcelona, Brescia y Roma, había casualmente un argentino: Ángel Morales. Y esa conexión especial que Guardiola siempre tuvo con los argentinos volvió a surgir con Matute. Más pronto que tarde ambos fortalecieron una relación de amistad, que comenzó gracias a una situación muy particular... "Apenas llegué a la ciudad, el club me dio un departamento pero tenía que esperar para que me entregaran un auto para poder movilizarme. A Pep, en cambio, se lo dieron de inmediato. Como vivíamos en el mismo edificio, íbamos juntos a los entrenamientos. Digamos que yo puedo jactarme de haber utilizado a Guardiola como chofer, jaja...", recuerda con una sonrisa el argentino, quien jugó en Independiente y Racing, entre otros tantos clubes.

Para Matute, saber que Guardiola iba a ser uno de los refuerzos del equipo fue clave para aceptar el ofrecimiento del club. "Fue determinante su arribo. Sebastián Abreu, con quien yo había jugado en Cruz Azul, estaba en Dorados y me había recomendado. Yo dudaba hasta que me enteré de que iba a llegar Pep. Eso me convenció para ir a Culiacán porque era una motivación especial jugar al lado de un futbolista de su jerarquía", explica.

Ya en las primeras charlas, Morales comprendió que Guardiola era un verdadero apasionado por el juego. "No paraba de hablar de fútbol. A veces trataba de sacarle tema de otra cosa pero él siempre volvía al juego. Te hablaba del rival, de los errores que habíamos cometido en el partido anterior, de cómo debíamos jugar... Era insoportable, ja, ja. Por ejemplo, íbamos a almorzar o a cenar y en la mesa usaba los cubiertos y los vasos para explicar jugadas. No decía abiertamente que iba a ser entrenador, pero no hacía falta porque era algo que ya se le notaba. Nos hablaba de Cruyff y también era de preguntar mucho por el fútbol argentino. Era un admirador de nuestro fútbol. Sabía que a mí me había dirigido Menotti en Independiente y me preguntaba por él. También fui dirigido por Cappa en Racing, a quien él conocía de España".

En una de esas tantas conversaciones, Guardiola le hizo a Matute la misma pregunta que le había hecho a Ángel Cappa unos años atrás. "Un día me preguntó cuál sería mi gol ideal. Y yo le contesté: 'gambeteándome a todo el equipo rival, haciéndole luego un caño al arquero y definiendo en la línea con el taco, je...'. El, en cambio, me dijo que su gol ideal era todo lo contrario al mío. Que su sueño era que el equipo se pasara la pelota sin que la tocara ningún jugador rival. Años después, cuando yo veía jugar a su Barcelona por televisión, recordaba aquella anécdota y supe que ya en aquel momento en México, Pep tenía las cosas muy claras".

Fueron seis meses de convivencia en el que no jugaron mucho juntos. Guardiola, ya en sus últimos pasos dentro de una cancha de fútbol, solía sufrir lesiones musculares y molestias en el nervio ciático. Pero nunca estuvo lejos del plantel. "Cuando se encontraba lesionado y no estaba a disposición de Lillo, ya hacía de entrenador o de ayudante. Había entrenamientos de trabajos con pelota en los que él daba indicaciones y te marcaba movimientos. Todo con el respeto que se merecía Lillo, que tenía una excelente relación con Pep y le hacía lugar. Rápidamente entendí por qué alguien como Guardiola había decidido ir a México. Con Lillo hablaban el mismo lenguaje futbolístico. Siempre digo que yo jugaba a la pelota hasta que me agarró Lillo y recién ahí empecé a jugar al fútbol. Pero lo de Pep era increíble. En mis años de carrera nunca me pasó de integrar un plantel en el que un jugador tuviera injerencia en las cuestiones futbolísticas. Sin dudas, estábamos en presencia de un tipo distinto, especial".

Del Guardiola jugador, Morales tiene una imagen grabada y un grito que lo define: "Parado en el centro del campo, su pedido durante los partidos era siempre el mismo: 'Al pie, al pie...'. Le molestaba cuando la pelota lo pasaba por arriba, cuando no se la daban redonda. Les exigía a sus compañeros que intentaran jugar, dominar el balón y no dividirlo. A mí me gustaba su estilo, me sentía identificado. Lillo solía utilizar tres hombres en la defensa y un rombo en el medio. El ubicado en el centro y yo sobre la izquierda. Todo el juego del equipo giraba a su alrededor. Decían que ya estaba de vuelta, próximo al retiro, pero el equipo no era el mismo cuando él no jugaba. Era muy inteligente para moverse. Siempre lograba recibir solo".

Hay dos aspectos de la personalidad de Guardiola que Morales pretende destacar. "Tenía dos grandes virtudes más allá de sus condiciones como futbolista: la humildad y el optimismo. Había ganado todo con aquel Barcelona de Cruyff, tenía un nombre en el fútbol mundial pero en aquel plantel era uno más. Una persona muy sencilla, con buenos valores y agradable en el trato. También rescato que era muy optimista, siempre pensando en positivo. Tenía una energía que contagiaba. Además, sobresalía por su carisma. Cuando hablaba era como que te hipnotizaba. Y manejaba un amplio vocabulario lo que, sin dudas, era un plus. Yo digo que, por su personalidad y forma de ser, tiene una cosa latina en sus modos que lo acerca al argentino. Me tocó jugar en Italia y en España y el futbolista europeo suele ser más frío, más distante en el trato. Pep no. Era más cálido".

Al finalizar el campeonato, Dorados descendió pese a haber hecho una buena campaña que lo había dejado en zona de playoffs. Lo que sucede es que los descensos en México se definen por porcentajes (como los promedios en el fútbol argentino). Y pese a haber logrado los puntos para ingresar a dicha Liguilla, el equipo de Culiacán bajó de categoría, algo que a Pep, en el final de su carrera, le costó digerir. En el medio hubo dos satisfacciones para aquel plantel. Primero, venció al más poderoso, al América de las grandes figuras, por 2 a 0. El segundo gol lo convirtió Abreu, tras un centro de Guardiola. Después, derrotó a los Jaguares, en Chiapas, por 4 a 2 y Pep marcó ahí su único gol en México. Por el excesivo calor, terminó en una camilla, temblando, a causa de una deshidratación.

Luego de aquella experiencia, Matute Morales y Guardiola siguieron el contacto vía telefónico o a través de mensajes. Unos meses después, Pep viajó a la Argentina y volvió a encontrarse con el enganche. "Vino a mi casa y con otros amigos comimos un asado. Le gustó nuestro país, la carne, las costumbres... Hasta estuvo a punto de venir a jugar a Banfield, donde estaba yo, pero al final no se dio", recuerda Ángel, quien jugó en aquel Vélez-Banfield que Guardiola observó, en vivo y en directo, desde la popular visitante del estadio José Amalfitani.

Años después, cuando Guardiola estaba en pleno apogeo de su éxito en el Barcelona, Matute se había retirado del fútbol y tenía una duda: si dedicarse o no a la dirección técnica. Entonces, se le ocurrió llamar a su amigo catalán para pedirle un consejo, como le contó en una entrevista publicada en *El Gráfico*. "Le mandé un mensaje y Pep me sacó el

entusiasmo. Me dijo 'esta profesión es una mierda'. Yo dije, si él, con todo lo que ganó y lo bien que le va, dice eso ¿qué les quedará a los demás? Así que desistí de la idea", cuenta Morales, quien volvió a llamarlo a Guardiola antes de dejar el Barcelona. "El Turco Mohamed viajaba a España y quería charlar con él. Entonces me pidió que los contactara. Fue y se juntó con Pep, quien lo recibió muy bien y hablaron de fútbol un buen rato".

Para Matute, Pep le haría mucho bien al fútbol argentino si algún día decidiera dirigir acá. "Alguna vez hablamos de esa posibilidad. Sería muy bueno su aporte, pero lo veo difícil. A nivel proyecto e infraestructura no creo que haya ningún club que pueda tentarlo. Ojalá ocurra. Es un entrenador que hizo una revolución en el fútbol y sería espectacular poder disfrutarlo en nuestro país. Un auténtico lujo".

En aquel plantel también estaba Sebastián Washington Abreu. El delantero uruguayo, de importante recorrido por el fútbol argentino, también hizo buenas migas con Pep. Fue el Loco quien le puso el apodo con el que lo nombraban todos los integrantes de Dorados. "Le decíamos el marroquí, por su aspecto físico", recuerda. De aquella experiencia en México, destaca: "Fueron muchas conversaciones sobre fútbol puro. Guardiola te aconsejaba sobre cómo te tenías que perfilar mejor, sobre los controles orientados y esas cosas". Y comparte una anécdota que pinta de cuerpo entero el perfil obsesivo de Guardiola. "Después de su paso por México quedó una amistad entre nosotros. Yo, al poco tiempo, me fui a jugar a Israel, al Beitar Jerusalén. Recuerdo que en la Pre-Champions nos tocaba jugar contra el Wisla Cracovia. El que pasara esa serie jugaría contra el Barcelona, donde Pep recién había asumido como entrenador. Finalmente, pasaron los polacos. Unos días antes de aquel partido que debía jugar el Barcelona contra el Cracovia, recibo un llamado a mi celular. ¡Era Pep! Me llamó para consultarme cómo jugaba el equipo polaco. Si eran lentos, si los delanteros rompían, si hacían presión alta... Cuando cortamos entendí que Pep

iba a ser un gran entrenador. Con el equipazo que tenía en el Barcelona, él se preocupaba por los polacos, je". Abreu también agrega que siempre tuvo en cuenta un consejo que le dio Pep. "Me dijo que siguiera jugando al fútbol mientras sea feliz. Y así lo hice".

El director deportivo de los Dorados era José Luis Real, más conocido como Güero. Haber trabajado junto con Marcelo Bielsa y contárselo a Guardiola, seguramente, fue uno de sus mayores errores... "Pep lo volvía loco a Güero. Sus charlas siempre giraban en torno a los métodos de entrenamiento que utilizaba Bielsa. Quería saber todo", le contó una vez Juan Antonio García, dirigente del club de Culiacán, a Espn Digital. Unos meses más tarde de ese mismo 2006, Pep, ya en la Argentina, ametrallaría a preguntas al propio Bielsa...

CONFERENC S
DE LIDER
DEPORTIV

CAPÍTULO 6

LOS VIAJES A LA ARGENTINA

"Si quieres aprender de fútbol, entonces tienes que viajar a la Argentina. Ustedes le han dado muchísimo al fútbol: tres de los cinco o seis mejores jugadores de la historia. Se ve la pasión que tienen por el juego".

Pep Guardiola

El perfecto desconocido

Conocido escritor, guionista y director de cine español, David Trueba es, además, amigo de Guardiola desde los tiempos en que Pep era el mediocampista central del Barcelona. Sin proponérselo, el multifacético hombre apasionado por las artes tendría una importancia vital en la conexión del entrenador catalán con la Argentina. Corría septiembre del 2006. Hacía un par de meses que Pep había decidido colgar definitivamente los botines, luego de su paso final por los Dorados de Culiacán de México. Para esa fecha, recibió un llamado de Trueba con una invitación especial: un viaje a Sudamérica. "Me había salido una presentación en Río de Janeiro y en Buenos Aires. Además, yo estaba terminando de escribir mi libro *Saber Perder* y en la Argentina tenía que tomar nota de cuatro o cinco sitios porque el protagonista de la novela, era un futbolista argentino. Entonces le pregunté a Pep por qué no me acompañaba. '¿Qué te parece si vienes

y hacemos la gira juntos? Así tú conoces Argentina y Brasil, que son las cunas del fútbol', le dije. Yo estaba convencido de que esa experiencia podía llegar a servirle para su futura carrera como entrenador". La respuesta del exfutbolista fue la siguiente: "A mi mujer la puedo convencer de ir a Buenos Aires, pero lo de Río...". Por ese motivo, Trueba viajó primero a Brasil y Pep hizo coincidir su vuelo de llegada a la capital argentina con el de su amigo.

Ambos pararon en un hotel sencillo de Palermo. Nada de cinco estrellas. "No recuerdo el nombre pero era muy bonito y había sido recién inaugurado. Yo mismo me encargué de hacer la reserva", recuerda Trueba. Durante aquellos días, Guardiola caminaba por las calles céntricas de Buenos Aires como si fuera un perfecto desconocido. Las vueltas de la vida... Una charla suya sobre fútbol, siete años después, iba a ser capaz de desbordar la capacidad de un teatro de la mítica Avenida Corrientes. Al respecto, su compañero de viaje rememora una anécdota. "Yo ya había estado tres o cuatro veces en Buenos Aires así que algo conocía. Una noche lo llevé a Pep a cenar al restaurante El Obrero, en el barrio de La Boca, donde yo solía sentarme y escribir mi novela. Recuerdo que en un momento, Pep se levantó y fue al baño. En eso se me acercó un camarero y me preguntó: '¿Ese tipo no era uno de los que jugaban en el Barcelona?'. Creo que eso sirve de ejemplo para que uno se dé la idea de lo rápido que pasas a ser una sombra en el mundo del fútbol, una vez que te retiras".

Fue en ese hotel, en pleno desayuno, cuando Guardiola conoció a Matías Manna, un joven santafesino, tan fanático del juego de Pep en aquel Dream Team del Barcelona de Cruyff, que había creado un blog llamado *Paradigma Guardiola,* donde ponderaba al hombre de Santpedor y le rogaba convertirse en el salvador de un fútbol que se estaba extinguiendo. Aunque esa historia pertenece a otro capítulo...

Durante aquella primera estadía en Buenos Aires, Guardiola tuvo dos encuentros con dos entrenadores argentinos que ya admiraba y que lo terminaron de marcar para siempre: César Luis Menotti y Marcelo Bielsa. Ambas historias también están desarrolladas en este libro.

En dicho viaje, además, Pep tuvo tiempo para ir a ver un entrenamiento de San Lorenzo en el Nuevo Gasómetro, donde se encontraba dirigiendo Oscar Ruggeri. En realidad fue para acompañar a Trueba, quien necesitaba datos para su libro. Con el exdefensor argentino no hubo encuentro. "Recuerdo que al llegar al estadio de San Lorenzo, muchos se sorprendieron al ver a Guardiola. 'Vine para acompañar a un amigo', les decía él. Pero muchos no le creían...", cuenta Trueba.

Un apasionado por el fútbol como Guardiola no podía estar en la Argentina y no ir a la cancha a presenciar un partido. El sábado 7 de octubre jugaron el Club Atlético Vélez Sarsfield y el Club Atlético Banfield, en el estadio José Amalfitani de Liniers. Hacía allí fue Pep con Trueba para observar, en vivo y en directo, un match del fútbol argentino y de paso ver a Ángel Matute Morales, futbolista de Banfield y que hacía pocos meses había compartido plantel con Pep en los Dorados de Culiacán. Guardiola no quiso ningún tipo de beneficio. Pagó su entrada en la boletería, donde hizo la fila como un hincha de Banfield más, e ingresó a la popular visitante. Ni siquiera logró evitar el cacheo policial. "Para nosotros fue asombroso el ambiente, aunque también algo deprimente por el control de la violencia, con la separación de las hinchadas, los bastones policiales y todo eso", remarca Trueba. Aquel partido finalizó 2 a 2 y Matute, quien ingresó en el entretiempo, tuvo una correcta actuación. Con el enganche se juntaría a los pocos días para comer un asado y recordar anécdotas del paso de ambos por el fútbol mexicano. También, para escuchar de parte de Morales el interés de Banfield por contratarlo. Hubo sondeos de la dirigencia presidida por Carlos Portell, pero Guardiola ya se había sa-

cado la ropa de futbolista en ese entonces y estaba enfocado en su próxima profesión.

Un día después de aquel partido, cambiaron la popular visitante del Amalfitani, por la platea General San Martín del estadio Monumental del Club Atlético River Plate. Aquel domingo 8 se enfrentaron River y Boca, el superclásico del fútbol argentino, y Pep fue testigo. "Quiso la casualidad que nuestro viaje coincidiera con un partido de ese calibre. No nos podíamos perder ese espectáculo tan apasionante, tan único", relata Trueba. Y así fue. En aquel encuentro, el entrenador del conjunto xeneize era Ricardo La Volpe, a quien Guardiola había elogiado unos meses antes, durante el Mundial 2006, por cómo salía jugando aquella selección de México. En Núñez, ante River, justamente una mala salida de la última línea de Boca (error entre Bobadilla y Silvestre) propició la apertura del marcador del elenco millonario, que se quedaría con el superclásico al vencer por 3 a 1.

Seguramente, en aquellas visitas a los estadios de Vélez y River, Guardiola habrá recordado las anécdotas de su amigo y exintegrante de las Inferiores del Barcelona, Sergi López, quien fallecería en noviembre de ese 2006. Lu Martin, experiodista del diario *El País* de España, explica por qué: "Pep siente fascinación por el fútbol argentino. Siempre le llamó la atención la pasión que tienen los argentinos por el fútbol. El que ayudó a que él entendiera todo eso fue Sergi. Él era el mejor zaguero central de la cantera del Barcelona, pero una grave lesión cuando estaba en condiciones de afianzarse en la Primera División lo relegó y lo terminaría dejando fuera de carrera. Sergi era un personaje muy alegre que solía ir a la Argentina y decía que era hincha de River. Cuando volvía a España, le contaba a Guardiola sobre lo que se vivía en los estadios del fútbol argentino y los cánticos más famosos de la afición". Pep también habrá recordado las canciones de las hinchadas argentinas que le enseñaba Juan Antonio Pizzi, cuando ambos compartieron vestuario en el Barcelona y en la selección española.

En esa semana que duró su paso por la Argentina, Guardiola recogió anécdotas que hicieron de aquel viaje una experiencia fascinante, que recuerda siempre con bastante cariño. "Lo que más nos gustó de Buenos Aires es el aire libre de una ciudad caótica, frenética. Que es también lo que aprecia Pep de Madrid. La noche de Buenos Aires es una de las cosas más lindas de esta ciudad. Lo que menos nos gustó de nuestra estadía, fue la sensación de inseguridad que sentíamos en ocasiones. Pero lo disfrutamos mucho aquellos días. Después de cenar en algún restaurante, solíamos sentarnos a tomar una cerveza en algún bar, viendo a la gente pasar. Así nos quedábamos hasta la madrugada...".

Guardiola regresó a España convencido, aún más, de su futuro como entrenador. Las conversaciones con Menotti y Bielsa lo nutrieron de muchos conceptos, algunos de los cuales tomó para cuando le tocara desempeñarse al frente de un plantel. "Para él fue una experiencia muy valiosa. Yo estaba seguro de que la iba a aprovechar", finaliza Trueba. La idea del viaje había superado las expectativas.

Visitante ilustre

Siete años después, en el 2013, Pep viajó por segunda vez a la Argentina. Ya no era aquel desconocido que podía caminar por el centro de la Ciudad de Buenos Aires sin tener que detenerse para una foto, un saludo o un autógrafo. Era el padre de la criatura de ese Barcelona que, durante cuatro años, ganó casi todo lo que jugó y asombró al mundo entero por un juego ofensivo que marcó toda una época. Como si fuera el líder de una banda de rock, un verdadero superstar o una celebridad de Hollywood (no por tener aires de divo sino por lo que generaba), Guardiola arribó en medio de un operativo de seguridad especial. Todos querían tocarlo, abrazarlo, sacarse una foto con él... Tan importante era su figura que hasta los dirigentes de la política nacional quisieron conocerlo y no perderse esa foto. Seguramente, ahí comprobó las enormes diferencias entre aquella visita a Buenos Aires y la primera, siete años antes.

El 2 de mayo de ese 2013 brindó una conferencia en el teatro Gran Rex de la famosa Avenida Corrientes, con capacidad para 3.300 personas. Las entradas se agotaron a las 48 horas de ponerse a la venta, unas semanas antes. La charla fue presentada como Conferencia de Líderes Deportivos. Y su mano derecha, Manel Estiarte, exfigura del waterpolo mundial, se encargó de la introducción mediante un monólogo enfocado en las características de Pep.

Antes de ese acontecimiento, por la mañana, Guardiola dio una charla a alumnos de distintas escuelas primarias de la Ciudad de Buenos Aires y respondió las preguntas de los chicos en La Usina del Arte. Era parte del cronograma de actividades del viaje. Luego, Mauricio Macri, el Jefe de Gobierno en ese entonces y actual presidente del país, lo declaró "Huésped de Honor de la Ciudad". Ya al mediodía, Pep almorzó en un importante hotel céntrico junto con distintas personalidades del deporte argentino, entre los que se encontraban Alejandro Sabella, Juan Antonio Pizzi, Gabriel Milito, David Trezeguet, Héctor Veira, Miguel Ángel Brindisi, Juan José López, Julio César Falcioni, los entrenadores de basquetbol Julio Lamas y Sergio Hernández, el entrenador de hockey Sergio Vigil y el piloto de Turismo Carretera Matías Rossi. La comida contó con 150 invitados. Luego de almorzar participó de otro acto simbólico: golpeó con un martillo el cáliz que el orfebre Juan Carlos Pallarols estaba preparando para regalarle al Papa Francisco. Recibió unas camisetas de la Selección Argentina de regalo, saludó al papá de Javier Mascherano y se marchó hacia otra actividad previamente programada: una charla de media hora a hombres de negocios en el Park Hyatt del Palacio Duhau. A ellos, con una sinceridad brutal, les reconoció: “Muchas de las cosas que pueden escuchar, que me han servido en mi profesión, pueden no servirles a ustedes”. Sí, como para quitarse esa imagen de gurú que gente alejada del fútbol le había intentado adosar. En dicho hotel se cruzó con el periodista Juan Pablo Varsky, quien sería uno de los moderadores de su exposición en el teatro Gran Rex junto con Gonzalo Bonadeo. El fin de semana siguiente se jugaba el superclásico en la cancha de Boca y Guardiola le dijo al respecto: “Nunca estuve en la Bombonera, pero ya tendré mi oportunidad. Aún soy joven”.

Por la noche llegó el evento más importante: su charla ante 3.300 personas que pagaron entre 250 y 1.200 pesos para escucharlo. Como en el hotel se demoró, arribó al teatro de la Avenida Corrientes con un auto que fue escoltado por la Policía para abrir paso y evitar el embotellamiento de tránsito sobre la Avenida 9 de Julio. Luego de los aplausos de pie del público, se fue a cenar, ya fuera del protocolo, con César Luis Menotti y Gaby Milito. Al día siguiente, bien temprano, lo esperaba el viaje al aeropuerto internacional de Ezeiza, para partir hacia España. Sin dudas, una estadía diferente...

Aquí, las frases más salientes de su exposición en el teatro Gran Rex:

- “Es un honor para mí estar en Argentina por segunda vez. Cuando vine hace siete años jamás me hubiera imaginado hablar ante este maravilloso teatro. Quiero darle las gracias a la gente que lo ha posibilitado: César Luis Menotti y Marcelo Bielsa. Cuando ya había acabado mi carrera de futbolista y tenía deseos de entrenar, me trataron como a un hijo, fueron generosos hasta decir basta. Ustedes, que son contemporáneos, deben agradecerles a Menotti y a Bielsa por lo que han hecho por el fútbol argentino”.
- “¿Por qué nos hicimos futbolistas? Pues para pegar una patada al balón. Luego, viene todo lo demás. Para ser entrenador, las cosas que me motivaron y siguen siendo el motor de este oficio fantástico, maravilloso, son la táctica y el tratar de convencer a los jugadores. No sabéis la fascinación que es intentar transmitir eso que tenéis en tu cabeza, para intentar convencerles”.
- “Siempre he pensado que todos los chicos se hicieron futbolistas por el contacto con el balón. Tenemos el deber de nunca olvidar esto. Cuando jugaba en el barrio, yo quería el balón y luego atacar, y cuando me lo robaban, me molestaba. En esto sí soy muy egoísta, el balón lo quiero para mí. Y si el contrario lo tiene, no le espero, se lo voy a quitar, que sepa que se lo voy a quitar, que voy a por él. Mis equipos son un reflejo. El balón lo quiero para mí, no espero que me lo entreguen, no espero el error, quiero provocar el error e ir a buscarles. Como entrenador, yo vivo más tranquilo cuando juego en el campo contrario que cuando lo hago en mi campo. Cuando estoy más cerca de mi portería, tengo más miedo que cuando me acerco a la contraria”.
- “La tarea más difícil de un técnico, sea de fútbol o hockey, es que tratas con personas. Y todas estas personas quieren una sola cosa: jugar. Eso me lo enseñó Paco Seirulo, que es un sabio, una persona que he co-

nocido a mis 15 años, cuando yo tenía un cuerpo más pequeño que hoy y empezaba a ir al gimnasio a ver si cogía un poco de kilos. Lo conozco de una vida, he trabajado con él en el juvenil del Barcelona. Él me hizo ver que una de las grandes virtudes de los jugadores es que cuando están jodidos te lo hacen notar, es decir: están enfadados para que sepas que están enfadados, no por otra cosa. 'Ahora le voy a enseñar al Míster que estoy enfadado'. Esto pasa muy a menudo con los que no juegan. Pues una vez, un chico estaba entrenando mal y nos pusimos a discutir, que no podía entrenar así. Y Paco me dijo: 'No es que este chico está molesto contigo porque mañana los periodistas no le entrevistarán. Es simple, está molesto porque no le quieres, está molesto porque ayer querías más al otro que a él'. Y tratar eso es la cosa más difícil de ser entrenador. Hay otra manera: no implicarse emocionalmente. Hacer el entreno, dar la formación y de ahí irte a tu casa, pero yo siento que los seres humanos, como todos los animales, necesitamos de acercamientos, de tocarnos, en buenos y malos momentos. Yo necesito la piel, necesito abrazarles y explicarles, necesito convencerles, no hay cosa más maravillosa que intentar meterles tus ideas en la cabeza a tus jugadores".

- "Yo no soy mejor entrenador que cualquiera de los que hay en este país, créanme, no lo digo por falsa modestia, lo siento así. Todo lo que sé, lo he aprendido, me lo han enseñado, lo he observado, lo he sentido y eso es lo que he intentado meterles en la cabeza a esta gente hasta que las sientan suyas. No es 'chicos, hay que hacer esto'. No. Hay que hacer esto y argumentarles por qué lo hacemos para que lo sientan propio. Como jugador, lo que me daba más pánico era ir a jugar un partido sin saber qué iba a pasar, qué me iba a hacer el contrario. He intentado, desde el primer día que me metí en el filial del Barcelona, ¡donde estaba acojonado! decirles siempre frente a un partido: 'Señores, hoy va a pasar esto; y si hacemos esto, vamos a ganar el partido'. Evidentemente hemos ganado y hemos perdido, como todo el mundo, no soy en esto diferente a nadie".

- "Con Cruyff aprendimos que cuando ganábamos nos felicitaban, pero al día siguiente nos explicaban el por qué carajo habíamos ganado. Y si perdíamos, estábamos más tristes, pero nos explicaban por qué habíamos perdido. Y mientras crecía, decía: esto me gusta".
- "Nadie es capaz de controlar enteramente el fútbol, porque es el juego más difícil del mundo. Primero, porque se juega con los pies y aquí para tocar a las señoras se usan las manos, no los pies... Es el más abierto, el más indescifrable, pero que me dieran la oportunidad de entenderlo poco a poco es un lujo. Yo agarré de todo y de todos. De Barcelona me fui a Italia y agarré cosas; y luego me fui a México y agarré cosas: cómo salía con tres La Volpe y cómo le jugó a Argentina en el Mundial dominando el juego, aunque luego ellos perdieron con un gol de Maxi Rodríguez. Y de allí me fui a Qatar, y bueno ahí... mejoré el swing (movimiento de golfista). Luego metí todo en una trituradora, hice el mix y las cosas se quedaron en mi cabeza. Y esas me pertenecen. En Barcelona robé, robé y robé; me fui a México robé, y si quieren robar de mí, róbenme, porque al final se juega para la gente, el juego es de los jugadores, la gente va a verlos a ellos, no a nosotros".
- "Desde mi lugar dije: 'De esta manera voy a tratar de convencerles'. Y ese es el placer mayor que tengo, que a través de la táctica y de entender qué hacen los rivales, ver qué puedes hacer tú para convencer a los tuyos. Al final, yo soy entrenador por el juego, por meterle al jugador: 'Hoy va a pasar esto, esto y esto'. Luego, muchísimas veces no pasa, pero el placer de sentarme delante de un partido, ver al oponente y mientras

tanto imaginarte lo que vamos a hacer nosotros es lo que le da sentido a mi profesión. Es el mejor momento. Como futbolista, cuando le daba a la pelota; ahora es cuando imagino qué podríamos hacer para ganar un partido".

- "Hay una razón que había escuchado: los buenos, para mí, tienen que jugar en el medio. Cuanto más buenos futbolistas tengas en el medio, más puedes pasarte el balón. Por eso hemos cambiado a Messi del costado derecho al centro. Cuando tienes uno más en el medio, siempre tienes más control para atacar y para defender. Otros dirán: 'esto no sirve para nada' y pueden tener toda la razón del mundo. Yo, con todo el mix que hice en mi cabeza, me lo acabé de creer: encontrar superioridad a través de cosas simples, como es pasar el balón, que es la idea básica con la cual nos hicimos futbolistas desde pequeñitos".
- "No son tontos los futbolistas, son gente preparadísima, una gente que tiene la capacidad de jugar a un deporte tan difícil tiene que ser inteligente por narices. Hay que tratarlos como muy, muy inteligentes y capaces, e intuitivos, tienen todas las virtudes. Y hay que prepararse para las dudas que tengan y darles soluciones".
- "Minutos antes de terminar el primer tiempo, me pongo a pensar qué he visto, qué se puede cambiar, luego hablo con mi gente. Tito ha sido una ayuda inmensa para mí. Hay que hacerlo rápido, la charla ahí es muy corta, indicaciones del tipo 'nos estamos metiendo de prisa arriba' o 'hay que salir más por izquierda que por derecha', lo que puedas".
- "La táctica se las doy a los futbolistas para que nos lleguen poco y encontrar posibilidades de pase, para que en los últimos metros la gente de mayor desequilibrio haga el resto. La táctica es: mejor estar aquí, mejor defender allá, por derecha tendremos mucho espacio

porque su extremo no corre para atrás. La táctica es, entonces, qué hacen ellos y a partir de ahí adaptarse a los jugadores".

- "Con Arrigo Sacchi coincido en casi todo. Fue un innovador y su equipo, un espectáculo. Al final nos queda la idea, lo único que vale la pena es la convicción de tener una idea clara de dónde agarrarte. Los jugadores no son tontos: si te ven dudar, te lo pillan al instante; y si a veces no lo tienes claro, no les hables, vete a tu casa y al otro día, cuando lo tienes claro, les hablas. Son intuición pura los futbolistas, huelen la sangre, cuando te ven débil, te clavan la espada".
- "La primera vez que vi a Messi fue en una tienda de Nike, estaba con su padre. Lo saludé, él con su peculiar timidez. Yo no lo había visto nunca jugar, pero Tito me había dicho: 'Tengo uno que la rompe'. Luego lo vi y tenía razón, pero vamos, creo que fue Marcelo el que me dijo: 'A los muy buenos jugadores los vemos todos, a los malos también los vemos todos, hay que encontrar a ese que no piensas'. Tito la clavó, pero a Messi lo veía hasta un ciego".
- "Cuando Maradona se fue al Napoli, yo llegaba con 13 años al Barcelona y no pude disfrutarlo, pero los residentes me contaban que no habían visto a nadie igual. Más tarde me encontré con Alexanco, que fue compañero suyo y luego mío, y me dijo que no había visto a nadie así en su vida, entonces los mitos y la comunicación verbal ayudan a todo esto. Y finalmente vi lo que hizo en el Mundial de México".
- "Que uno tome la decisión de dejar un club, es mejor que cuando otros la toman por ti. Yo fui feliz en el Barcelona. Sin dudas de que si no eres una buena persona, no ganas nada. Puedes ganar algo particular, pero no más. En el Barcelona tuve a grandes personas. Los jugadores que dirigí, aman lo que hacen. Nunca perdieron la pasión que llevan desde niños. Nos fue

bien porque dirigí a los profesionales más amateurs que conocí, pero es una etapa terminada. Uno nace, crece, se casa, tiene hijos y se hace mayor. Eso se acabó".

- "Vosotros tenéis una reputación de un poco exagerados, sois como sois, pero creo le han dado muchísimo al fútbol: de los 5 ó 6 mejores jugadores de la historia, tenéis tres, habéis dado mucho, vuestra pasión por este juego se ve".

Pep y El Luna

La tercera visita —y última hasta el momento— se dio casi catorce meses después, el 26 de junio del 2014. Hacía pocos días que había arrancado la Copa del Mundo en Brasil y Guardiola brindó una charla, llamada "El Mundial según Pep", en el histórico Luna Park. Si existe un lugar en la Argentina y más específicamente en la ciudad de Buenos Aires con tanta historia relacionada con el deporte y también con el arte y la cultura, es este mítico edificio ubicado entre las avenidas Corrientes y Huergo y las calles Lavalle y Bouchard. Declarado Monumento Histórico en el año 2007, fue escenario de peleas memorables que tuvieron como protagonistas a boxeadores de la talla de Nicolino Locche, Ringo Bonavena y Carlos Monzón. Allí actuaron figuras como Frank Sinatra, Liza Minelli, Luciano Pavarotti y Joan Manuel Serrat. Como era de esperarse, la presencia de Guardiola generó mucha expectativa y unas 5 000 personas, que pagaron las entradas que costaban entre 350 y 1.800 pesos, colmaron las plateas especialmente distribuidas para la ocasión. Un detalle: dos días antes, Guardiola había estado en Brasil y allí observó, en vivo y en directo, su único partido de aquel Mundial. ¿Cuál fue? Argentina-Nigeria, correspondiente a la primera ronda.

A diferencia del año anterior en el teatro Gran Rex, no estuvo Manel Estiarte para realizar la introducción. Con Juan Pablo Varsky nuevamente como moderador, la charla arrancó con una conversación entre Guardiola y el reconocido actor argentino Guillermo Francella. Continuó luego con Pep dando sus impresiones sobre los primeros partidos del Mundial en curso, cuya fase de grupos había concluido, y finalizó con el entrenador catalán compartiendo el escenario y el diálogo con Gerardo Martino, quien recientemente había abandonado su cargo como entrenador del Barcelona y luego se haría cargo de la Selección Argentina. Su viaje relámpago al país para ese charla, volvió a cerrarse con otra cena con Menotti y Gaby Milito, nuevamente como acompañantes.

Aquí, sus frases más importantes:

- "Messi es mejor jugador ahora que cuando lo dirigí. Está más inteligente, intuitivo. Lleva un peso muy grande que es la ilusión de todo un país. Lo que aprendí yo de él es que cuando perdía, no se quejaba con el entrenador. Su manera de competir es más elevada que lo que yo puedo entender. No necesita consejos".
- "Los entrenadores queremos continuar y si no ganas no te puedes sustentar con nada. El que gana es el que tiene razón y cuando pierdes te ponen en el infierno".
- "Lo más importante es ponernos de acuerdo en qué vamos a hacer. No hay palabra que pueda sustituir el convencimiento".
- "Me contó Javi Martínez, en el Bayern Munich, que una hora de charla de Marcelo Bielsa parecían diez minutos. Me gustaría tener su talento".
- "El jugador te hace sentir al instante cuándo está fastidioso. Es como que le debes algo. Hay que gestionar egos".
- "El Mundial, por ahora, está muy ameno y divertido. Estamos viendo muchos goles. Pensé que sería más lento y muy defensivo. Me dio mucha pena lo de España. El fútbol le debe mucho a esta generación, a la que le tengo mucho aprecio. Ojalá que Del Bosque siga mucho tiempo más. Él ha dicho la mejor frase sobre los jugadores: 'nosotros pensamos en ellos y ellos en ellos'. Es así".
- "Mi salida del Barcelona fue porque me cansé. No fue culpa de nadie, fue el tiempo".

CAPÍTULO 7

LAS CENAS CON MENOTTI

"Nunca nadie me hizo tantas preguntas como Guardiola. Era una ametralladora. Y cada vez que nos encontramos no deja de plantearte dudas, de dar a conocer sus inquietudes, de querer saber más... Pep es una persona muy curiosa, obsesiva por aspectos del juego pero, sobre todo, un verdadero apasionado por el fútbol"

César Luis Menotti

Durante muchos años, en esa larga lista de encuentros que mantuvo con Valdano y Cappa para hablar de fútbol, Guardiola escuchó miles de veces un nombre propio que ya le era más que familiar: César Luis Menotti. De todas maneras, no hacía falta que se lo mencionaran demasiado. Alguien tan fanático del fútbol como Pep sabía, de antemano, la trayectoria del entrenador que fue campeón con la Selección Argentina en el Mundial de 1978. Sonaba lógico entonces, que en su viaje a nuestro país en el 2006, Guardiola quisiera charlar con él. De hecho, en su agenda figuraba resaltado el número de teléfono del entrenador argentino. Ambos no habían llegado a cruzarse en el Barcelona, porque cuando el Flaco se fue del club catalán, a mediados de 1984, el joven Pep justo llegaba de Santpedor a La Masía para iniciar su recorrida por las Divisiones Inferiores. Sólo habían llegado a compartir una cena en un restaurante de Catalunya, junto con muchos otros comensales, en el año 1995, en ocasión de

un amistoso en el Camp Nou entre estrellas de América y Europa a beneficio de Unicef. César había sido invitado para dirigir el combinado americano. Hubo saludo y cruce de algunas palabras en aquella mesa, pero a Guardiola le faltaba un mano a mano.

Poco antes de emprender el vuelo rumbo a Buenos Aires, había conseguido, a través de un amigo en común, el celular de Menotti. Por eso, apenas pisó suelo argentino, se comunicó con él y pactaron un encuentro. Junto con su amigo David Trueba, Pep fue a cenar con el experimentado entrenador argentino. El restaurante Piegari, ubicado en el barrio de Recoleta, fue el escenario de una jugosa y extensa charla. "¿Así que usted quiere ser entrenador?", abrió el juego César Luis, antes de degustar la exquisita carne argentina. Luego de escucharlo a fondo a Pep durante toda la noche, de conocer su interés por un estilo de juego en particular que tenía varios puntos en común con el suyo, el director técnico que, en ese cara a cara hacía de local, le dijo, ya en la hora de la despedida: "No lo dude entonces, hágase entrenador. Al menos así los tiros estarán más repartidos y no me los darán sólo a mí". Era toda una declaración de principios. El Flaco, que conocía a Pep a través de los comentarios de Cruyff y de Cappa, lo adoptó como si fuera un sucesor en la defensa de un estilo de juego que era atacado por diversos sectores. Sintió, según su instinto y percepción, que estaba enfrente de un abanderado en la lucha por un fútbol mejor, más conceptual. Rápidamente, colocó al catalán del lado de su vereda. No lo soltó más. Guardiola se fue maravillado a dormir aquella noche. Menotti, aún más.

Trueba, cada vez que le piden alguna anécdota de esa cena, cuenta una de sus favoritas, que tanto los hizo reír a él y a Guardiola: "César, después de comer, pidió un whisky y el mozo le trajo un vaso bajo lleno de hielo. César se enojó. '¿Usted me ve la rodilla mal?' '¿Me la ve hinchada?' El mozo no sabía qué contestarle... 'Llévese este montón de hielo por favor y tráigame un vaso con el whisky solo'".

La charla arrancó a las nueve de la noche y se extendió pasadas las tres de la madrugada. "Son demasiadas las historias que ambos evocaron en aquella reunión", apunta Trueba, privilegiado testigo de un ida y vuelta bien futbolero. Y menciona una de las tantas anécdotas que atesora: "César nos contó de su encuentro con el escritor Jorge Luis Borges. Dijo que un medio periodístico los reunió para una entrevista, luego de que Argentina ganara el Mundial de 1978. Y que tras la finalización de dicho reportaje, Borges, quien rechazaba plenamente este deporte, le preguntó: '¿cómo un tipo tan inteligente puede dedicarse tanto a esa bobada que es el fútbol?'. Nos reímos mucho. La charla fue espectacular".

De aquella reunión hay algo que le quedó siempre grabado a Menotti y que él mismo describe: "Hay muchos entrenadores jóvenes que vinieron a verme durante todos estos años, para charlar sobre fútbol, para escuchar algún consejo... Pero nadie me hizo tantas preguntas como Guardiola. Era una ametralladora de tanto preguntar. No solo en esa ocasión. Cada vez que nos encontramos, no deja de plantearte dudas, de dar a conocer sus inquietudes, de querer saber más... Pep, ya en esa primera charla, me demostró ser un personaje muy especial. Una persona muy curiosa, obsesiva por aspectos del juego pero, sobre todo, un verdadero apasionado por el fútbol. Cuando nos despedimos —creo que ya eran como las cuatro de la mañana— le dije que él tenía que confiar en su capacidad, porque yo ya lo veía muy preparado para ser no sólo entrenador sino un gran entrenador". Y desarrolla: "Pep no vino a la Argentina a hablar conmigo, con Bielsa o con quién fuera para aprender, para que lo inspiráramos o buscando que le dijéramos cómo se hacía. Él ya lo sabía. A mí me emocionaba y entusiasmaba ver a un tipo joven plantearse un desafío: el de hacer un fútbol que partiera desde lo conceptual".

Pero si bien esa noche fue la primera conversación que ambos mantuvieron, Menotti ya se había cruzado con Guardiola. No sólo lo conocía de verlo jugar por TV o de esa cena en Catalunya. "Me acuerdo que una vez viajé a España y el Flaco Cruyff organizó una reunión conmigo y con Rinus Michels. En ese momento, Johan era el entrenador del Barcelona. Recuerdo que entramos al vestuario y Cruyff, señalándome a Guardiola, viene y me dice: 'Mira el físico que tiene... Así y todo, es un extraordinario jugador'. Ahí me quedó y empecé a seguirlo con mayor atención, porque yo no lo tenía tanto como futbolista. Pep recién arrancaba... Además, en esa época no era como ahora que prendés la tele y ves todos los partidos de cualquier parte del mundo".

Si Guardiola lo había encandilado en aquella charla en Buenos Aires, cuando empezó a dirigir al Barcelona directamente lo terminó de cautivar. Y de tal manera que Menotti, se convirtió en uno de los grandes admiradores y defensores del estilo pregonado por Pep. En cada entrevista, en cada charla íntima o pública, hace alusión al talento de Guardiola y su invalorable aporte al fútbol mundial. "Yo digo que la mayoría de los entrenadores en el mundo dirige persiguiendo el éxito. Casi todos. Pep es distinto. El persigue la gloria", compara, elevando la figura del hombre de Santpedor.

Para Menotti, el reconocimiento a Guardiola excede a esta época y a la actual generación de entrenadores y le concede un privilegiado sitio dentro de la historia de este deporte. "Estamos en presencia del mejor entrenador de los últimos 30 años, como mínimo. Y su Barcelona, si no fue el mejor equipo de la historia, seguro que sí fue el mejor de los últimos 30 años también. Guardiola fue un huracán devastador que arrasó con toda la trampa y la mentira. La destruyó. La aniquiló de tal manera que ahora hasta los italianos y los alemanes quieren tener la pelota y jugar. Guardiola logró algo que ni Brasil del 70 pudo. Ese huracán se transformó en una brisa alentadora en muchos países, entre los que se encuentra la Argentina", afirma.

El mérito que le reconoce al entrenador catalán es haber derrotado a los que alaban la especulación en el fútbol y los que se encolumnan detrás del resultadismo sin importarle demasiado las formas. Apuntó, claro, a los de la vereda de enfrente de su ideología futbolística, en una entrevista publicada en el diario *El País* de España. "Esos tipos fueron asesinados por Guardiola. Pep los decapitó. Esto no quiere decir que no se puede ganar de otra manera, pero eso de que no se puede ganar jugando lindo y eso de que hay que ganar y punto, con Guardiola se acabó. Fijate... Con el Barcelona ganó todo, jugó lindo, les rompió el culo... Y lo más importante es que potenció a un montón de jugadores, que es donde radica el mayor mérito de un entrenador. A Piqué lo trajo por dos mangos de Zaragoza; de Puyol decían que era un burro, que no podía jugar y la rompió; Iniesta no era titular indiscutido; a Busquets y a Pedro los puso él de las Inferiores; a Messi lo potenció en otra posición; a Mascherano lo hizo rendir de zaguero central... Hay un enorme mérito en la mejora de sus futbolistas y eso habla de su capacidad. Y no nos comamos el verso que dicen sus detractores, que si ganó todo es gracias a la calidad de los jugadores. Eso es una gran mentira. Quedó demostrado que Guardiola es más importante que sus jugadores. Lo suyo es algo muy serio, muy elogiable y hasta me provoca una envidia sana por lo que ha sido capaz de realizar. Lógicamente él va a darles todo el mérito a sus jugadores, pero su aporte fue decisivo, sin dudas".

Más allá de coincidir en la idea, en la intención y en la búsqueda, está claro que existen algunas diferencias conceptuales e ideológicas entre Menotti y Guardiola. Si bien ambos parten de la premisa de un fútbol ofensivo, la metodología los distancia. No sólo en cuanto al tipo de entrenamientos sino a todo lo que está relacionado con la información y el análisis del rival de turno. Y el propio César reconoce esa obsesión de Pep: "Guardiola es un enfermo del laburo. Pero parte de un lugar. Lo importante es que tiene una idea clara desde lo conceptual. Después, cada uno tiene sus métodos de trabajo para llevarla a cabo".

Luego de aquella reunión, Guardiola y Menotti siguieron en contacto, ya sea vía telefónica o por e-mail. Y se reencon-

traron en el 2013 y en el 2014, cuando un Pep ya consagrado regresó a la Argentina para sendas conferencias sobre fútbol y liderazgo. En ambas ocasiones, el de Santpedor terminó cenando, luego de sus exposiciones, en restaurantes céntricos de Buenos Aires junto con el experimentado entrenador argentino y también con Gabriel Milito, exdirigido suyo en el Barcelona. El respeto que Pep siente por Menotti, lo llevó a las palabras cuando en la conferencia que brindó en el teatro Gran Rex, en el 2013, arrancó su monólogo pidiendo que todos los argentinos reconocieran lo que Menotti y Bielsa habían hecho por el fútbol.

Sobre esos dos encuentros más recientes, en Buenos Aires, Menotti comparte algo de lo conversado. “Cuando dio la primera charla y luego fuimos a cenar, me comentó sobre su inminente desembarco en el Bayern y la incertidumbre que le producía agarrar un equipo que venía de ganar la Bundesliga y en ese momento ya era finalista de la Champions, que luego también ganaría. Le dije ‘Tranquilo Pep, que cuando abras la puerta del vestuario del Bayern y digas buenos días, todos los jugadores ya sabrán a qué tienen que jugar’. Eso es lo valorable, ser dueño de un estilo, de una idea clara de juego”. Ya en la segunda ocasión, mientras comenzaba a disputarse el Mundial de Brasil 2014, César destacó en la cena cómo había transformado el juego característico del Bayern Munich en apenas una temporada al mando del equipo y le recordó lo que le había dicho un año antes. “¿Te das cuenta de que yo tenía razón? Que ibas a entrar al vestuario del Bayern y rápidamente los jugadores iban a saber cómo tenían que jugar... ¿Viste cómo cambió el juego de Robben? De ser un jugador individualista ahora se transformó en un jugador de equipo. Eso lo lograste vos. Es mérito tuyo”, cuenta Menotti que le manifestó a un Guardiola que sonreía ante aquel elogio.

Después de aquel Mundial, en el que la Selección Argentina se consagró subcampeona, Alejandro Sabella dejó vacante el cargo de director técnico. Y no tardó demasiado Menotti en postular a Guardiola para esa función. "Yo lo hubiera ido a buscar a él. Y creo que habría venido. Yo lo pondría a Pep de entrenador y le metería tres entrenadores jóvenes de acá detrás suyo pensando en el futuro, para que vayan aprendiendo", asegura.

En aquella primera temporada al mando del Bayern Munich, la 2013/2014, el conjunto alemán obtuvo la Bundesliga, pero cayó en las semifinales de la Champions League ante el Real Madrid. En el encuentro de ida disputado en el estadio Santiago Bernabéu, el local venció por 1 a 0. Para la revancha en el Allianz Arena, Guardiola modificó el esquema: del 4-3-3 que había utilizado casi a lo largo de toda la temporada, pasó a un 4-2-4 con el ingreso de Mario Mandzukic como centrodelantero neto. Vació la zona del mediocampo y el resultado fue catastrófico: el Bayern cayó 4 a 0 y no pudo repetir el título logrado un año antes de la mano de Jupp Heynckes. Poco tiempo después de ese partido, en aquella visita a la Argentina de mediados del 2014, Guardiola y Menotti hablaron sobre lo ocurrido aquel día. César lo cuenta: "Recuerdo que yo estaba mirando ese partido y me preguntaba '¿Cómo Pep pone a ese jugador para que le tiren centros?' La cuestión es que cuando nos vemos sale el tema de esa semifinal y me dice al respecto: 'Ya sé, no me vayas a decir nada porque sé que me he mandado la cagada más grande de mi vida. Tanto lo sé que el día después de aquel partido, fui al escritorio de Rummenigge y le dije que si yo fuera él echaría al entrenador por el equipo que armó. Así que me tienes que echar, le dije'. Me hizo reír. Así es Pep. Un tipo que siempre busca la perfección".

Al año siguiente, en la segunda temporada de Guardiola al frente del Bayern, el equipo alemán volvió a caer en la semifinal de la Champions. Esta vez, ante un implacable Barcelona con Lionel Messi en su esplendor. Más allá de reconocer como justa la victoria del conjunto catalán, Menotti hizo una defensa del trabajo de Pep: "Al Bayern le faltaron cinco jugadores titulares, todos ausentes por lesión. Entre

ellos, Robben y Ribery. ¿Sería igual el Barcelona sin Messi, Neymar, Busquets y Dani Alves? Sin dudas que no. Así y todo, el Bayern mantuvo su idea y sus convicciones claras, más allá de los que terminaron jugando".

En ocasión de algunas críticas que recibió Guardiola, por no ganar la Champions en sus tres temporadas con el Bayern Munich o su primera temporada en el Manchester City sin obtener ningún título, Menotti disparó: "Hay un sector del periodismo que está esperando que a Pep le vaya mal. Podrá no ganar un título, pero en donde nunca va a perder es en el juego. Para discutir a Guardiola hay que ser tonto o estar cegado por algún fanatismo. Si no, es imposible".

CAPÍTULO 8

MARATÓN CON BIELSA

"A Pep creo que logré aburrirlo a la hora once, pero me parece que desde el comienzo estaba así y no se animó a irse... Esa fue la única vez en la vida que nos vimos. No me siento un maestro suyo porque yo no tengo conocimientos que él no tenga. A partir de que el otro no ignora lo que uno sabe, el fenómeno pedagógico no se puede dar".

Marcelo Bielsa

Máximo Paz es una localidad de la Provincia de Santa Fe, que se encuentra a unos 78 kilómetros de la ciudad de Rosario y que cuenta con una población de casi 4 000 habitantes. Allí, en uno de esos campos algo alejados del centro, propiedad de su suegro, transita parte de la vida de Marcelo Bielsa cuando no trabaja. La tranquilidad que emerge del silencio y del paisaje oficia de musa inspiradora para el obsesivo entrenador argentino, que tiene instalado en ese refugio su laboratorio futbolero, su sala de videos, y donde suele recluirse para planificar el trabajo antes de incorporarse a algún club. Hacia esa mágica e inexpugnable zona rural se dirigió Pep Guardiola cuando viajó a la Argentina en el 2006. En su estadía en la Roma, cuatro años antes, el catalán había agendado el consejo de Gabriel Batistuta: "Si vas a ser entrenador, tenés que juntarte a charlar de fútbol con Bielsa que sabe todo". Pep consiguió la difícil misión de dar con el

número del Loco y acordaron un encuentro. El anfitrión, muy gentil, no sólo lo invitó a comer un asado sino que envió a un amigo a Buenos Aires, para que fuera el chofer de Guardiola y de David Trueba, el compañero de aventuras de Pep y privilegiado testigo de una charla memorable.

Ese martes 10 de octubre, bien temprano a la mañana, el servidor de Bielsa pasó a buscarlos por el hotel de Palermo en donde se hospedaban. Al mediodía, los tres estaban en la tranquera del campo, después de haber traspasado la alameda de 500 metros de largo ubicada en la entrada, esperando ingresar. Allí comenzó una maratónica e inolvidable conversación que se extendió por casi 11 horas. La piscina, la cancha de fútbol y el gimnasio no se usaron. Sí el quincho, sitio elegido para la charla futbolera. Cerca de la medianoche, Pep y Trueba regresaban en auto a Buenos Aires con el estómago lleno y la cabeza empachada de fútbol.

Vale mencionar que la admiración de Guardiola por Bielsa aumentó considerablemente tras ese contacto. Su curiosidad por saber del Loco había comenzado unos cuantos años antes, cuando el entrenador argentino asumió la dirección técnica del Espanyol de Barcelona, cargo en el que duró apenas tres meses. Justo en aquella época, el Pep futbolista brillaba en el conjunto culé, en el que uno de sus integrantes era Mauricio Pellegrino, quien casualmente había sido dirigido por Bielsa en Vélez. Como era de esperarse, el volante central del Barcelona no tardó demasiado en preguntarle a su compañero de vestuario sobre los métodos de entrenamiento utilizados por Marcelo. Esa buena consideración que tenía del entrenador argentino, continuó cuando la Selección Argentina deleitaba a propios y extraños, en las Eliminatorias rumbo al Mundial de Corea y Japón 2002. Y no se disipó su mirada positiva pese a la temprana eliminación del seleccionado nacional, en la primera ronda de aquella Copa del Mundo. De hecho, Pep tuvo palabras elogiosas para Bielsa y su equipo a pesar de no alcanzar el éxito deportivo en ese Mundial, cuando en los papeles partía como uno de los principales favoritos.

"Me quedo con Argentina, aunque no pasara la primera fase. Porque creo que jugó muy bien, aunque ya se sabe, vivimos en un mundo en el que si ganas eras bueno y si pierdes da igual que lo hayas intentado. No importa si has tenido la pelota, si el equipo estuviera ordenado y si apostaras por un 3-4-3, como hizo Bielsa. Pierdes y dicen que fracasas. Yo lo veo de otra manera", opinó Pep en un artículo periodístico en pleno Mundial 2002.

Se sabe que entre ellos existen varios puntos en común. La obsesión por los detalles, el estudio pormenorizado del rival pero, sobre todo, el afán por ser protagonistas, el ímpetu ofensivo, la utilización de extremos para lograr amplitud y profundidad, la valentía, la nobleza y los valores éticos y morales. Esas coincidencias quedaron reflejadas en aquel encuentro. Incluso, la inocultable admiración de ambos por Louis Van Gaal y aquel Ajax de los 90 que asombró al mundo. Guardiola fue dirigido por el holandés en el Barcelona y Bielsa quiso saber detalles de aquella experiencia. Los dos tienen dentro de su ideario futbolístico varios fundamentos de aquel famoso Ajax y charlaron sobre ello. Se sabe lo que opina Bielsa sobre aquel fantástico equipo: "El modelo ajeno que más me gusta es el Ajax de Van Gaal. Un equipo con flexibilidad para componer sus líneas de acuerdo a las exigencias del planteo rival en el momento de la recuperación". ¿Qué le contó Pep sobre el entrenador holandés? Lo que siempre dijo: "Pocos equipos de los muchos que he visto jugar, me han seducido con la intensidad que me sedujo ese Ajax. Lo que me maravillaba era su disciplina táctica y la enorme capacidad para aplicarla en el momento preciso. Todos sus futbolistas eran conscientes de cuál era su misión sobre el terreno de juego. Eran capaces de hacer a la perfección todo lo que yo creo que debe intentar un equipo de fútbol. De los entrenadores que he tenido, Van Gaal ha sido con el que más tiempo he pasado hablando de fútbol. Me

divertí porque pude contrastar diferentes puntos de vista, reafirmar conceptos y revisarlos".

Pep y Marcelo no se conocían personalmente. Y para romper el hielo, el primer tema de conversación fue el cine. Allí, Trueba fue interrogado durante casi una hora, sin parar, por un Bielsa que les declaró su fanatismo por el arte cinematográfico. "Marcelo demostró ser un apasionado. Me dijo que veía alrededor de dos películas por día. Tenía mucha curiosidad por el tema. Hablamos mucho hasta que en un momento me detuve y dije: 'Bueno, ustedes dos no están aquí para hablar de cine, ¿no?'. Ahí fue el punto de partida de los temas relacionados con el fútbol, un incesante ir y venir de conceptos futbolísticos, de frenéticos debates sobre distintos equipos, de análisis de posiciones dentro del campo, de anécdotas... Comenzaron y no pararon más", detalla Trueba.

"Fue una charla intensa, obviamente que no puedo contar detalles que quedarán seguramente ahí, en esas cuatro paredes. Hasta hubo consultas en la computadora sobre temas en los que no se ponían de acuerdo y también puestas en escena de diferentes acciones que ocurrían dentro del campo de juego", cuenta Trueba, quien remarca una anécdota que lo involucra para publicar en este libro: "En un momento dado, me utilizaron a mí como ejemplo. Marcelo se empeñó en explicarle una jugada a Pep y me obligó a mí a pararme y a jugar como zaguero central contra dos sillas. Y ahí andaban, enzarzados los dos en la discusión y yo tratando de marcar bien y que las sillas no me gambetearan, je...".

Fue en aquella conversación cuando Guardiola manifestó cierto fastidio por el contexto que rodea al fútbol. Ante eso, recibió una pregunta certera y contundente:

—Bielsa: ¿Por qué usted, que conoce toda la basura que rodea al mundo del fútbol, el alto grado de deshonestidad de cierta gente, aún tiene ganas de querer volver a ese ambiente y meterse además a entrenar? ¿Tanto le gusta la sangre?

—Guardiola: Necesito esa sangre.

Cuentan que Bielsa asintió y esa respuesta le alcanzó para entender la profunda pasión de Pep y la convicción que tenía para meterse en el mundo de la dirección técnica.

La hora del asado no impidió que la charla dejara de ser vertiginosa. Eran dos hombres inteligentes, unidos por esa pasión por el fútbol que les sale de los poros, intercambiando conceptos y poniendo en duda ciertas verdades para luego analizarlas y obtener nuevas conclusiones. Pero más allá de las cuestiones estrictamente futbolísticas, Pep había descubierto a un entrenador cuyos valores eran innegociables. Y eso le causaba una mayor admiración. Guardiola le preguntó en cuanto a ciertos manejos fuera de las canchas. Uno de ellos, la relación con el periodismo. Ahí, el Loco le expresó su particular punto de vista. "¿Por qué le voy a dar una entrevista a un periodista de un medio poderoso y se la voy a negar a un pequeño reportero de una provincia? ¿Cuál es el criterio para hacer una cosa así? ¿Mi propio interés? Entonces, eso es ventajismo", fue la reflexión del entrenador argentino. Quedó claro, con el tiempo, que Pep tomó aquella respuesta como si fuera un consejo y actuó en consecuencia. Él tampoco concedía notas individuales y como Marcelo, sólo enfrentaba a los periodistas en las conferencias de prensa. Bielsa le había dado una razón.

Durante la charla, el argentino le contó a Guardiola que antes de dirigir a futbolistas profesionales, se dedicaba a buscar jóvenes promesas por todo el país. Le daban el dato de un chico que la rompía, se subía a su auto e iba al pueblo donde se encontrara, para intentar captarlo para su querido Newell's Old Boys de Rosario, como hizo por ejemplo con Mauricio Pochettino, actual entrenador del Tottenham de Inglaterra. Bielsa le reconoció lo difícil de acertar en el elegido y el ojo clínico que era necesario poseer para cumplir tal función. "Pep, a los buenos jugadores los vemos usted, yo y la mayoría de la gente. Pasa lo mismo con los jugadores malos. El mayor mérito está en advertir y saber qué jugador normal va a ser bueno", le explicó. Y puesto a desarrollar la

idea sobre las virtudes de un entrenador, el Loco destacó algo: "Una de las cosas más importantes es la comunicación. Eso tiene que ver mucho con la jerarquía. El director técnico debe tener un aspecto único y no hacer sentir al futbolista como un igual".

Por momentos, Pep tomaba su libreta de anotaciones y escribía distintos conceptos pronunciados por Bielsa. A medida que pasaban las horas comprendía que aquella conversación le sería de mucha utilidad para su carrera. Años después, de manera pública, tuvo palabras de agradecimiento por aquella invitación de Marcelo. "Fue un honor que me abriera las puertas de su casa y así poder compartir todo un día con él hablando sobre fútbol. Fue algo formidable. Siento que me enseñó mucho". También expresó qué admiraba del técnico argentino: "Es cierto que tuve más influencia de otros entrenadores, pero a Bielsa lo admiro por ser auténtico y por jugar de una manera tan atrevida. Básicamente rescato eso, la valentía de sus equipos. No importa dónde ni contra quién, si eres grande o pequeño". Para Guardiola, el término valentía en el fútbol no es uno más. Lo hizo público en más de una ocasión, incluso en sus charlas en la Argentina, que a él no le gusta dividir a los entrenadores entre buenos y malos o trabajadores y vagos sino entre valientes y asustados.

Otro de los temas que tocaron en aquel quincho, tenía que ver con el talento de los jugadores y el esfuerzo que realizaban dentro del campo de juego. La reflexión de Bielsa fue la siguiente: "Mis equipos pueden jugar peor o mejor, pero el talento depende de la inspiración y el esfuerzo depende de cada uno de los jugadores. La actitud no es negociable". Aquella frase, casualmente, fue una de las utilizadas por Guardiola en su primera conferencia de prensa como entrenador del Barcelona. Un rato antes se las había expresado a sus futbolistas, en el primer encuentro con ellos.

Guardiola se topó con un entrenador conceptual y meticuloso que buscaba soluciones para sus atacantes. El objetivo de Bielsa, y se lo hizo saber a Pep, era darles herramientas

a sus jugadores para intentar generar situaciones de gol. Su mirada obsesiva y detallista estaba puesta sobre la ofensiva y eso seducía al catalán debido a que los rasgos obsesivos de los entrenadores de entonces solía reflejarse por sus tácticas defensivas. "Yo soy un obsesivo del ataque", se definió Marcelo. Y continuó: "Yo miro videos para atacar, no para defender. Mi trabajo defensivo es 'corremos todos'. El trabajo de recuperación de la pelota tiene cinco o seis pautas y chau, se llega al límite. El fútbol ofensivo, en cambio, es infinito, interminable. Por eso es más fácil defender que crear. Correr es una decisión de la voluntad pero crear necesita del indispensable requisito del talento".

Años después de aquel asado, Guardiola y Bielsa se cruzaron en España pero ambos en su rol de entrenadores. Uno dirigiendo al Barcelona y el otro al Athletic Bilbao. En la previa de aquel partido, disputado el 6 de noviembre de 2011 por la Liga española, el Loco fue consultado sobre aquella famosa reunión y si se consideraba un maestro para Pep. Bielsa, fiel a su estilo, se refirió a ambas cuestiones de la siguiente forma: "Creo que logré aburrirlo a la hora once, pero me parece que desde el comienzo estaba así y no se animó a irse... Esa fue la única vez en la vida que nos vimos. Hablar tantas horas sobre no demasiados temas presupone un recorrido agradable. Pero yo no tengo conocimientos que Guardiola no tenga. A partir de que el otro no ignora lo que uno sabe, el fenómeno pedagógico no se puede dar".

En la previa de aquel encuentro que, en esa ocasión, iba a darse en un campo de fútbol y no en aquel campo de Máximo Paz, Marcelo también reconoció su admiración por Pep: "Por supuesto que tengo esa consideración hacia él. Fue un jugador emblemático, integrante de un equipo inolvidable y construyó ahora en Barcelona, el equipo que construyó. Igualmente yo no me atribuyo una relación con él. Ojalá la hubiera tenido porque es una persona muy valiosa y que enriquecería la relación con cualquier ser humano. Yo no me animo a llamarlo. Me siento inhibido por lo que es".

Bielsa también destacó el legado que estaba dejando Guardiola con su Barcelona, para el mundo del fútbol con unas palabras históricas. "Este Barcelona es especial no por los resultados ni por su sistema táctico. En una época como la actual, en la que los números son un emblema, el Barcelona emite mensajes de mayor consistencia que van a perdurar en la memoria de los que queremos al fútbol, por la manera en que ha decidido atacar y defender. De Guardiola valoro su incidencia en los jugadores que pasan por sus manos. A grandes jugadores él los hace aún mejores. Utiliza medios que son contraculturales y revolucionarios dentro del fútbol contemporáneo".

¿Y qué dijo Guardiola antes de aquel Barcelona-Athletic? "Nos enfrentaremos a un gran equipo con un gran entrenador. A Bielsa lo respeto y admiro muchísimo. Me abrió las puertas de su casa cuando yo ni siquiera había comenzado a dirigir. ¿Que ha ejercido influencia en mí? Tengo influencia de otros entrenadores como Cruyff, con el que he estado ocho años. Pero me hubiera gustado jugar a las órdenes de Bielsa o ser luego colaborador suyo". Sobre el funcionamiento del rival manifestó: "Los equipos de Bielsa son muy agresivos. No te dejan respirar, llegan siete al área, pierden la pelota y defienden los once. Sus partidos son todo arriba y abajo, arriba y abajo, sin parar. Si queremos ganar en San Mamés, hay que ser más valientes que ellos".

Finalmente, aquel partido terminó en partidazo. Fue un 2-2 con muchas situaciones de gol, intercambio en el dominio del juego y un público que observó cómo dos equipos se preocuparon por ganar hasta el último minuto, sin ningún tipo de especulaciones. Tal demostración del Athletic, ante el poderoso Barcelona que ya era considerado por muchos como el mejor equipo de la historia, provocó los encendidos elogios de Guardiola. "Le he dicho a Bielsa, al final del partido, que sus jugadores han sido unas bestias. Nunca había jugado contra un equipo tan intenso, tan agresivo, que te deja tan pocos espacios. Por eso es tan buen entrenador y ha conseguido un equipo tan suyo en muy poco tiempo". Además, tuvo palabras para los espectadores que vibraron por el apasionante juego: "Imagino que todos habrán disfrutado de este gran espectáculo gracias a lo que brindaron estos 22 jugadores tan buenos. Es de los mejores partidos en los que he estado y eso ocurre cuando los dos van a ganar. Y el que acaba ganando es el público. Fue un canto al fútbol".

El 31 de marzo del 2012, por la segunda vuelta de la Liga, se volvieron a enfrentar pero en el Camp Nou. Dos semanas antes de aquel compromiso, el Athletic de Bielsa había eliminado al Manchester United, puntero de la Premier League, en los octavos de final de la UEFA Europa League. Lo hizo de un modo fantástico y el Loco cosechó elogios de todo el mundo. Uno de los que alabaron su actuación fue justamente Guardiola, quien buscó ir más allá: "Estamos ante el mejor entrenador del planeta. Es un juego muy honesto el que hace el Athletic. Sus partidos son un regalo". Bielsa, consultado sobre las palabras de Pep, devolvió: "Si uno responde brevemente a un comentario tan generoso parece parco e indiferente. Y si se extiende, se refiere a uno mismo porque, en este caso, Guardiola se refiere a mí. Ni se me ocurre más que agradecer un elogio tan significativo".

En aquella conferencia de prensa previa al choque en el Camp Nou, la prensa española insistió nuevamente sobre el concepto de "maestro" que habría ejercido Bielsa sobre Guardiola. Con mayor énfasis, el entrenador argentino se encargó de volver a desmentirlo. "La condición de maestro está justificada en las obras. Miren las obras de Guardiola y las mías y fíjense quién es el maestro y quién el alumno. Las obras que yo construí en el fútbol no justifican esa condición. Si estableciéramos maestro y alumno, yo no soy el maestro. No tengo dudas".

En el estadio del Barcelona, el triunfo quedó para el local. Fue la primera vez de Bielsa en el Camp Nou como entrenador y su Athletic cayó 2 a 0, con un gol y una asistencia de Lionel Messi. El dato fue que el conjunto del Loco obtuvo

un 44% de posesión del balón, el porcentaje más alto para un equipo visitando al de Pep, entonces amo y señor en ese ítem del juego. Sobre el encuentro, Marcelo no tuvo excusas: "El resultado me pareció justo. Defendimos bien pero la recuperación de la pelota no era seguida de la organización de un ataque. Perdíamos el balón en la primera presión del rival y cuando uno no logra pasar eso, no sólo no ataca sino que abre grietas defensivas". Guardiola, en su análisis del triunfo, volvió a destacar al entrenador rival: "Es un regalo para el fútbol tener personas como Bielsa, que sus equipos sean así de honestos. Con gente así, el fútbol tendrá una larga vida. Igual, creo que aquí no somos muy conscientes de todo lo que está aportando este entrenador".

Un detalle: en ese partido en el Camp Nou fue titular Alexis Sánchez. El delantero chileno arribó al Barcelona luego de que Guardiola diera el visto bueno. Pero antes, el entrenador llamó a Bielsa para pedirle referencias. Además de sus condiciones futbolísticas, el Loco rescató algo: "Es buena gente". Con esas opiniones, Pep se convenció y aprobó el fichaje.

El tercer y último partido en el que ambos se enfrentaron hasta la fecha, fue el 25 de mayo del 2012 por la final de la Copa del Rey. Un 3-0 del Barcelona, con un doblete de Messi, que sirvió, además, para la despedida de Guardiola como entrenador del conjunto culé, cerrando una etapa histórica: 14 títulos en cuatro temporadas. Antes del encuentro le preguntaron a Bielsa por la partida de Pep y expresó: "Es una decisión personal que, obviamente, no me corresponde interpretarla, pero su pérdida es mayúscula porque su presencia le dio brillo a este deporte. Lo que ha hecho en el Barcelona es algo inolvidable. Es un entrenador que ha contribuido a un equipo y estableció diferencias con el fútbol que se venía jugando en los últimos 25 años. Estableció diferencias para mejor, claro".

Luego de aquel partido ya no volvieron a cruzarse. Aunque la admiración y el respeto que ambos se profesan continúa latente desde aquella extensa jornada en el campo de Máximo Paz.

Martí Perarnau, autor de *Herr Pep* y *Metamorfosis*, es un periodista muy cercano al entrenador catalán y habla con conocimiento de causa sobre esa relación entre ambos entrenadores: “En varias conversaciones me ha mencionado cosas de Bielsa. Por lo general, referidas a algún detalle táctico, como los marcajes al hombre, el célebre partido entre el Athletic y el Barcelona en el San Mamés y conceptos e ideas de Marcelo. Sin dudas, es un entrenador muy admirado por Guardiola”.

DE GUARDIOLA A LOS ARGENTINOS

Qatar
Foundation
10

CAPÍTULO 9

LOS CAMBIOS EN MESSI, MASCHERANO Y MILITO

"Jamás en mi carrera he visto un vestuario de futbolistas que siga a un entrenador con tanta fe. Creo que será difícil encontrar otro como él. Pep tiene el don del liderazgo".
Javier Mascherano

A lo largo de su carrera como futbolista, Guardiola tuvo varios compañeros argentinos, como ya se ha señalado en este libro. En su primera etapa de entrenador, en el Barcelona, hubo tres argentinos que tuvieron la fortuna de ser dirigidos por él: Lionel Messi, Javier Mascherano y Gabriel Milito. Lo más significativo es que Pep tuvo una notable influencia en el juego de ellos. A todos les modificó cosas. Messi, que arrancó su carrera como un extremo derecho incisivo, se transformó en un falso 9 letal; Mascherano, que toda su vida había actuado como volante central tanto en los clubes por los que pasó como en la Selección Argentina, se convirtió en un zaguero central sólido y confiable; Milito fue el único de los tres que no modificó su posición en la cancha, pero sí su función y su rol. De preocuparse siempre por defender debió aprender a ocuparse de iniciar los ataques.

Guardiola con Messi

No debe existir en la historia del fútbol mundial una conjunción semejante entre un futbolista y un entrenador. Que Lionel Messi y Pep Guardiola hayan coincidido en la misma época, en la misma ciudad y, lo que es mejor, en el mismo club, es una bendición que merece ser destacada. Que uno de los mejores futbolistas de la historia y uno de los mejores entrenadores de la historia compartieran el día a día, no hizo más que potenciar a ambos. Sin Pep, Messi igual habría sido Messi. Pero la influencia del entrenador catalán en el juego del argentino, resultó decisiva. En pos de mejorar sus virtudes, al punto de volverlo un jugador implacable, Guardiola analizó y analizó hasta llegar a la conclusión de que el joven crack debía actuar en otra posición, más determinante como lo es cerca del área rival.

El enamoramiento por Messi fue casi como un flechazo a primera vista. Guardiola recién se había retirado del fútbol cuando comenzó el Mundial de Alemania 2006. Contratado por el diario *El País* de España para escribir unas columnas durante esa Copa del Mundo, Pep vio a Leo en aquel certamen y publicó un artículo sobre él luego de verlo en acción en la goleada por 6 a 0 de la Selección Argentina a Serbia y Montenegro. Esto escribió:

"Me produce la sensación de los más grandes. Es la presencia escénica. Es aquel actor que sale a escena y tus ojos sólo se dirigen a él, aunque haya diez maravillosos actores más. Esa sensación de que va a pasar algo bueno. Este chico me genera esto".

En realidad, Guardiola ya conocía a Messi por haberlo visto en el Mundial Juvenil disputado un año antes, en el 2005, y en sus primeros partidos en el Barcelona dirigido, en ese entonces, por Frank Rijkaard. Por aquella época, Tito Vilanova, su amigo y quien sería su mano derecha en el Barcelona, ya le había hablado de Leo. "Tengo uno que la rompe", le avisó. Pero aquel Mundial de Alemania fue la confirmación, para el entrenador catalán, de que estaba en presencia de un distinto.

Al asumir a mediados de 2008 como entrenador del plantel profesional del Barcelona, Pep tomó una decisión que, indirectamente, ayudó a Messi: prescindió de los servicios de Ronaldinho y Deco. El astro brasileño y el jugador portugués eran los principales sostenes del joven Leo en el vestuario y al argentino le afectó la medida. Con el tiempo, aquella maniobra de Guardiola terminó siendo beneficiosa para Lionel, ya que los descartables no venían teniendo actitudes positivas para el grupo ni brindando el mejor ejemplo con sus actos de indisciplina. En una palabra, le quitó a Messi esa compañía que podía llevarlo por el mal camino fuera de los campos de juego.

Rápidamente, Pep comprendió que Lionel era un jugador diferente y que había que acompañarlo para que explotara futbolísticamente. Al principio costó la relación por la extrema timidez del futbolista argentino, cuya voz casi nadie conocía dentro del vestuario del Barcelona. Además, Messi se encontró de pronto sin sus aliados afuera y sin Rijkaard, el entrenador que lo había cobijado en su salto a Primera División. El objetivo de Guardiola era ganarse la confianza de Messi porque sentía que con Leo, las chances de cumplir un ciclo exitoso eran más altas. Y al poco tiempo de asumir hubo un hecho que provocó ese ansiado acercamiento. El argentino se mostraba malhumorado en los entrenamientos y el entrenador quiso conocer el motivo. El problema era que el Barcelona no quería cederlo a la Selección Argentina, que afrontaría los Juegos Olímpicos de Pekín, porque ese evento coincidía con la primera fase de clasificación de la Champions League, en la que el club catalán debía medirse con el Wisla Cracovia de Polonia. Entonces, Pep decidió tomar cartas en el asunto. Habló con Joan Laporta, presidente en ese momento del Barcelona, y le pidió que autorizara a Leo a estar en los Juegos. Su argumento fue que esa decisión

supondría un beneficio a largo plazo. Como cuenta Guillem Balagué en su libro *Pep Guardiola, otra manera de ganar*, el entrenador, tras recibir la aceptación del club, se comunicó con Leo y le dijo: “Voy a permitir que vayas porque yo he sido campeón olímpico y quiero que tú también lo seas. Pero me debes una”. Esa actitud achicó la distancia inicial entre ambos y fue el punto de partida para una relación más estrecha. Messi ganó la medalla dorada en los Juegos Olímpicos con la Selección, algo que hubiera sido imposible de no mediar Pep en el conflicto.

Pocos meses después, el Barcelona se encaminaba hacia su primer título de Liga con el de Santpedor sentado en el banquillo. A falta de cinco fechas para el final del campeonato, el conjunto culé visitaba al Real Madrid, en el Santiago Bernabéu. Primero contra segundo separados por cuatro puntos. Lo que se dice, un partido clave para ambos. Y la noche anterior al encuentro, analizando cómo poder ganar aquel derby, Guardiola tuvo una revelación. Su cerebro alumbró una idea mágica que todos los amantes del fútbol deberían agradecer de por vida. Ya nada fue igual en el mundo de la pelota luego de aquella noche. ¿Qué pasó? Mejor leer el impecable relato de Martí Perarnau en su libro *Herr Pep*:

“Eran las diez de la noche y Pep estaba solo en la ciudad deportiva. No quedaba nadie, ni siquiera sus ayudantes. Sólo él en un despacho iluminado de manera tenue. Pep imaginó a Messi moviéndose libremente por aquel enorme espacio vacío del estadio Bernabéu, a la espalda de los mediocentros madridistas y encarando en solitario a Metzelder y Cannavaro, petrificados sobre la línea del área, dudando si ir por el delantero argentino. Tan clara vio la jugada que levantó el teléfono. Llamó directamente a Messi. ‘Leo, soy Pep, tengo algo importante, muy importante. Ven. Ahora. Ya’, le dijo. A las diez y media de la noche, Messi, de 21 años, golpeó suavemente la puerta del despacho. El entrenador le enseñó un video y detuvo la imagen mostrándole la zona vacía que a partir del día siguiente iba a ser suya: la zona Messi, la del falso 9. 'Leo, mañana en Madrid vas a empezar por la banda, como siempre. Pero si te hago una indicación, te vas a la espalda de los mediocentros y te mueves por esta zona que te acabo de enseñar. Es lo mismo que hicimos en septiembre pasado en Gijón. Cuando Xavi o Iniesta se salten la línea y te pasen el balón, te vas directo a portería, vas por Casillas'. Fue un secreto entre ambos. Nadie más en el Barcelona supo lo que Pep le había transmitido a Messi aquella noche del primer día de mayo, salvo Tito Vilanova al día siguiente en el hotel. Minutos antes de empezar el partido, Guardiola llamó aparte a Xavi e Iniesta y les dijo: 'Si ven a Leo entre líneas y por el centro, no lo duden, pásenle el balón'. Aquel 2 de mayo del 2009, el Barcelona aplastó al Real Madrid por 6 a 2. Messi se convirtió en falso 9 y Pep sonrió, feliz".

El 9 del conjunto catalán era Samuel Eto'o. Sin embargo, Guardiola creía que Messi, por sus características de juego, era el más apropiado para desequilibrar en esa función. De hecho, en el mencionado partido ante el Sporting de Gijón, en la tercera fecha de la primera Liga con Pep en el banquillo, el entrenador ya había dado un adelanto al colocar durante un rato a Leo como falso 9. En su segunda visita a Buenos Aires, en plena conferencia en el teatro Gran Rex, Guardiola se valió de un pizarrón y de un puntero láser para explicar, a grandes rasgos, el porqué de la modificación posicional de Messi. "Los mejores futbolistas tienen que jugar por el medio. Allí participan más del juego que sobre la banda", expresó Pep, quien ponderó la facilidad de Leo por captar el mensaje: "Agarró muy rápido el cambio de posición. Y si lo pones de lateral izquierdo también lo agarra rápido. Leo es el mejor defensor que hay. Cuando quiere quitar el balón, dice 'voy a quitarte el balón' y te mata", afirmó.

Aquella modificación táctica, aquel cambio de función de Leo sirvió para que el crack marchara derecho, sin obstáculos, a situarse entre los mejores futbolistas de la historia de este deporte. Parado más cerca del área comenzó a verse a un Messi aún más goleador, destrozando récords y récords.

Claro que también generó algunos conflictos. El primero fue con Eto'o, quien debió resignar su posición de centrodelantero para ir a recostarse sobre la banda derecha. Al camerunés no le gustó el trueque y al final de aquella temporada se terminaría marchando del Barcelona. La llegada de Zlatan Ibrahimovic supondría el regreso de Messi como extremo. Pero más rápido que tarde, Leo se convertiría en la referencia de ataque del conjunto catalán y el sueco, herido en su ego al ser despojado del papel protagónico en la ofensiva, acabaría yéndose con toda clase de críticas hacia el director de la orquesta. En ocasión de su tercer viaje a la Argentina, para dar una charla en el Luna Park, Pep fue consultado sobre aquella polémica con Ibra. Y a buen entendedor... "Los jugadores pueden hablar, pero el que dicta es el campo. Y cuando llegaban los partidos importantes de la Champions League, ¿quién daba el paso adelante? Lo daba el pequeño. El que ganaba los partidos era Messi. Y yo tuve la suerte de disfrutarlo", aclaró. Y para marcar otra diferencia con el delantero sueco, agregó: "Lo que más aprendí de Leo es que cuando perdía no iba a su casa a quejarse del entrenador. Estaba enfadado o triste, pero él sabe que cuando tiene que estar, está allí".

Más allá de observar el rendimiento de uno y otro, algo que influyó decisivamente en la postura de Guardiola de privilegiar a Messi como goleador por delante de Ibrahimovic, fue cierto malhumor que le provocó al delantero argentino volver a la banda ante la llegada al Barcelona del polémico sueco. En el libro *El Misterio Messi*, Sebastián Fest y Alexandre Juillard cuentan una situación que ocurrió y que tuvo a Lionel y a Pep como protagonistas:

"Lionel Messi estaba molesto, quisquilloso. Y el que lo sufría, como siempre, era Josep Guardiola. De un momento a otro, el entrenador del Barcelona había entrado en tensión, incómodo en el primer asiento del autobús. El teléfono móvil acababa de vibrar y Guardiola escrutaba la pequeña pantalla con algo de desconcierto. 'Mira esto', le dijo a su íntimo amigo Manel Estiarte. La lectura del breve SMS le produjo a Estiarte el mismo efecto que al exvolante central del Barcelona: sacudida, desconcierto y una breve risa incrédula. Sin decirse nada, los dos amigos se dieron cuenta del peligro de ese mensaje de texto que acababa de enviar el mejor futbolista del mundo. España vivía el otoño de 2009 y el autobús encaraba el camino de regreso tras un partido de la Liga. Los que relatan el momento difieren en cuanto a las palabras exactas, pero coinciden en el espíritu del mensaje de texto que el argentino le envió a su entrenador: 'Bueno, veo que ya no soy importante para el equipo, así que...'. Una vez más, Messi se escudaba tras un teléfono móvil. Aunque en los últimos tiempos fue evolucionando, para él seguirá siendo más fácil enviar mensajes de texto que decir las cosas. La pelota y el teclado de su móvil son, en cierta forma, los dos universos más messiánicos. No importaba que estuviera en el mismo autobús y sólo unos pocos asientos más atrás de Guardiola y Estiarte. Que sea tímido, que le cueste comunicarse, no quiere decir que Messi no sea ambicioso e incluso, inconscientemente, despótico a la hora de imponer su categoría".

El enfado de Messi tenía que ver con la aparición de Ibrahimovic como centrodelantero en el 4-3-3 del Barcelona, y con él otra vez confinado a la banda. Además, Zlatan había arrancado su ciclo haciendo goles. Finalmente, Guardiola eligió a Messi como principal referencia de ataque en aquella temporada 2009/10 y eso decantó en la salida de Ibra antes del arranque de la temporada siguiente. Leo se impuso y así ganaron todos, incluido Pep. Sin dudas Messi, alguna vez, reconocerá públicamente que en su exitosa trayectoria en el fútbol fue muy influyente la colaboración de Guardiola.

El desgaste de una relación de cuatro años tan intensos y el crecimiento de Messi no sólo futbolístico sino personal, que agigantó aún más su figura y su peso dentro del vestuario, hicieron que la salida de Guardiola del Barcelona no significara un episodio traumático para Leo. Por eso es lógi-

co el distanciamiento que existe entre ambos incluso antes de la partida de Pep del conjunto culé, cuando un par de decisiones futbolísticas del técnico fueron cuestionadas por Messi (ejemplos: las apariciones en el 11 de Tello y Cuenca, dos canteranos, en partidos claves). "No he tenido relación con Guardiola desde que se fue", reconoció el argentino en la conferencia de prensa previa al duelo entre el Barcelona y el Bayern Munich, en la semifinal de la Champions League 2014/15. El entrenador, mientras tanto, no evita los elogios hacia el argentino en cada ocasión que se presenta. Aquí, tres de las mejores frases que Guardiola le dedicó a Lionel en los últimos años:

- "Nosotros hemos ganado mucho en el Barcelona, pero lo cierto es que no hubiéramos ganado tanto sin Leo. Tú puedes controlar todo esto, pero llega un balón y él rodeado por cuatro la mete en la esquina. ¿Qué influencia puedo tener yo en eso?".
- "Definitivamente no he visto a uno igual que Leo. Es que los padres lo hicieron muy bueno".
- "El día de mañana podré decirles a mis nietos que yo he dirigido a Messi".

Guardiola con Mascherano

El 27 de agosto del 2010, Javier Mascherano se convirtió oficialmente en jugador del Barcelona. Venía de tres temporadas en un gran nivel en el Liverpool de Inglaterra, donde era uno de los estandartes del equipo dirigido por Rafa Benítez. Para incorporarlo, el club catalán abonó la cifra de 24 millones de euros. Pep Guardiola había aprobado su llegada. En el mediocampo el único volante central era Sergi Busquets y como recambio sólo aparecía Keita. "Necesitamos un jugador en esa posición que preste atención a los movimientos defensivos", había dicho el entrenador unos días antes.

Antes de confirmarse el fichaje de Masche, a Pep se le cruzó un dilema: cómo dejar en el banco a un futbolista que venía de ser titular en su equipo y que también lo era en su selección. Las aptitudes futbolísticas del argentino y un guiño del destino terminarían por hacerlo retroceder en el campo... "Yo tenía mis dudas en fichar a Mascherano. Con Tito Vilanova decíamos: 'es el capitán de la Selección Argentina, vendrá aquí y si no juega...'. Pero Javier es de otro espesor humano. Como futbolista es fantástico y aparte es un sol, un sol de niño".

Pasaron algunos meses en los que Mascherano fue suplente, aunque a veces alternaba en el puesto con Busquets, como parte de la rotación que de vez en cuando imponía Pep. Hasta la noche del 11 de abril del 2011. En esa ocasión, el Barcelona enfrentó al Shakhtar Donetsk de Ucrania por la Champions League. Y ante la lesión de Jordi Puyol y la imposibilidad de contar con Gabriel Milito, también lesionado, Guardiola decidió usar a Masche como zaguero central, formando dupla con Gerard Piqué. A diferencia de Messi, que se enteró la noche anterior de aquel partido con el Real Madrid que iba a cumplir otra función, Mascherano fue avisado apenas horas antes de ese encuentro que iba a jugar como defensor. Sin aviso previo y sin siquiera haber entrena-

do en ese puesto. "Fue una cosa cojonuda. A mí me gustan los extremos que pueden jugar de laterales y los mediocentros que pueden actuar de centrales. Y Mascherano puede", había dicho el DT. Consultado por el propio futbolista sobre qué lo llevó a tomar aquella arriesgada decisión, Pep le respondió: "Cuando seas entrenador vas a querer poner a todos los mediocampistas. Es la mejor manera de que el equipo juegue bien".

Claro que para decidirse, Guardiola vio aptitudes en Javier como para cumplir una función que desconocía y hacerlo en un buen nivel: "Para ser central necesitas más facultades que de mediocentro, porque debes mirar para atrás y Masche tiene esas facultades, esa tensión, esa voluntad de escuchar".

En Buenos Aires, en una de sus charlas, fue consultado sobre la decisión de hacerlo jugar de zaguero y explicó: "O jugaba de defensor o no jugaba, je... Si un mediocentro puede jugar atrás es porque reúne todas las condiciones: pase corto y largo, buen juego aéreo, marca... Él se vio ahí. Nos ayudó mucho porque teníamos lesiones en el plantel. Jugó increíble. Uno se imaginaba que podía jugar, pero no que podía hacerlo tan pero tan bien".

Con Milito fuera de la actividad por casi el resto de la temporada, Mascherano comenzó a alternar en la función de zaguero junto con Puyol y Piqué. Tanto de primer marcador central como de segundo. Y su rendimiento, como su compromiso a la hora de entrenar, fueron conquistando a Guardiola, quien meses después declaraba: "Mascherano ha sido un fichaje espectacular. Para un equipo como el Barcelona no tiene precio tenerlo. Ha sido un gran acierto. A Masche no lo cambiaría jamás. Es único. Ha sido uno de los jugadores más inteligentes que me han tocado dirigir".

Ese feeling fue mutuo. En distintas entrevistas, Masche-rano destacaba algunos atributos de su entrenador. Algunas de sus frases quedaron reflejadas por Balagué en el libro *Pep Guardiola, otra manera de ganar.* Allí habla sobre la capacidad del catalán para leer los partidos antes de jugarse y da el ejem-

plo de la final disputada contra el Manchester United por la Champions League de la temporada 2010/11. "He oído a más de un compañero decir: '¡qué cabrón, ha dado en el clavo!'". Aquella charla en Wembley, previa a la final de la Champions, fue una de las que más me impresionaron. Mientras él hablaba, no parecía que se estuviera refiriendo a un partido que aún tenía que celebrarse. Era como si lo estuviéramos jugando ya, allí mismo. Se movía arriba y abajo, de un lado a otro frente a la pizarra, gesticulando; si cerrabas los ojos y lo escuchabas, estabas ya en el terreno de juego, en medio de la jugada. Todo lo que dijo sucedió. Y sucedió tal y como él había previsto. Durante el partido, yo pensaba: "Esto ya lo he visto antes, lo he oído todo acerca de esta jugada, porque Pep me lo ha contado...".

Por si quedaran dudas de la admiración que despertaba Guardiola en él, amplió: "Jamás en mi profesión he visto un vestuario de futbolistas que siga a un entrenador con tanta fe; lo que él dice, va a misa. Me parece que será difícil encontrar otro como él. Pep tiene el don del liderazgo".

Con Busquets cada vez en un nivel más superlativo, las opciones de Mascherano para integrar el 11 titular se encontraban en la última línea. Para sobrevivir en la defensa, el argentino se vio obligado a mejorar con la pelota al pie y en el toque corto. Debió adaptarse a salir jugando. A su buena marca le sumó un correcto dominio del balón. Esa función, además, no le presentaba complicaciones cuando en la Selección Argentina debía actuar como volante central. Con el tiempo, Masche terminó la adaptación. "Es de los jugadores perfectos que a mí me gustaría tener siempre", lo ha elogiado Pep. "Es generoso en las decisiones y siempre tiene la intención de entenderte. Cuando no jugaba, no llegaba al día siguiente diciendo 'soy el capitán de la Selección Argentina, soy un fenómeno y me debes poner'. Siempre estaba con buena cara y lo que hacía era entrenar mejor y preguntar el porqué de las cosas. Apuesto lo que quieran que será técnico. Es fija".

Guardiola con Milito

A lo largo de su trayectoria como futbolista, Gabriel Milito fue dirigido por varios entrenadores de renombre: José Pekerman, César Luis Menotti, Marcelo Bielsa y Frank Rijkaard, entre otros. De todos aprendió distintos conceptos, que fue incorporando para el día en que comenzara su carrera de entrenador. Pero nadie lo marcó tanto conceptualmente como Guardiola. "Ser dirigido por Pep me cambió la visión del juego. Hasta ese momento yo tenía como referencia a algunos entrenadores que coincidían en la idea de juego, que era tener la pelota, cuidarla y atacar. Pero con Guardiola conocí la perfección en cuanto a cómo atacar y a cómo defender. No dejaba ningún detalle librado al azar. Pep reúne dos condiciones que lo hacen distinto: mucho trabajo y mucha capacidad. En definitiva, todos los entrenadores que tuve me ayudaron en mi formación pero mi ideología futbolística me la terminó de consolidar él", cuenta Gaby en su biografía *Gabriel Milito, Historia de un Mariscal.*

A Messi y a Mascherano les cambió la posición y la función dentro de la cancha. A Milito no lo movió de la zaga central pero la modificación más significativa no fue táctica sino estratégica. El propio Gabriel lo detalla: "Antes de ser dirigido por Guardiola, los entrenadores que había tenido en mi carrera se preocupaban por remarcarme que, por el puesto que yo ocupaba dentro del campo de juego, no tenía que arriesgar. 'Gaby, control y pase', me pedían. Algunos me explicaban incluso que perder una pelota en la zona donde yo me movía era muy peligroso para el equipo. A mí desde chico siempre me gustó avanzar, llevar la pelota hacia adelante, pero como profesional nunca tuve la suficiente libertad para hacerlo, salvo jugadas aisladas. Cuando me tocó Pep en el Barcelona, me abrió la cabeza. En los entrenamientos yo hacía control y pase como me había acostumbrado a lo largo de tantos años y él un día me agarró y me dijo: 'No, Gaby, tú tienes que avanzar con la pelota hasta la mitad de la cancha. Conmigo los centrales conducen'. Me pedía lo que a mí me gustaba pero era algo que no solía realizar. Tuve que adaptarme a esa forma de jugar".

Lo más destacable para Milito era que Guardiola fundamentaba todos sus pedidos. Y esa idea de que Gabriel formara parte del inicio del juego avanzando con el balón tenía sus motivos. "Pep, al contrario de lo preestablecido, afirmaba que no existe mayor riesgo que no arriesgar. Su intención era que el central avanzara con la pelota, con el objetivo de atraer. Si yo iba con el balón hacia adelante, algún rival me iba a venir a marcar y eso implicaba que uno de mis compañeros iba a quedar libre en la zona de la mitad de la cancha. Al darle el pase, ya un rival quedaba automáticamente detrás de la línea de la pelota. Había un sentido. No es que Pep era un lírico al que le gustaba que nos pasemos la pelota porque sí. Su objetivo era lograr superioridad numérica en el sector donde estuviera el balón y para eso necesitaba que los defensores nos adelantáramos". Esa intención por atraer al rival escondía el concepto de "hombre libre" del que habla Guardiola. Para lograr ese entendimiento era necesario que existieran distintos movimientos mecanizados que requerían de cierta sincronización. Por ejemplo, los laterales bien abiertos a la altura de la mitad de la cancha, los extremos bien arriba para dar amplitud y fijar a la última línea rival. Todos conceptos del famoso juego de posición.

Fue entonces en aquella etapa en el Barcelona en la que Gabriel aprendió a ser parte del ataque del equipo desde la mismísima última línea. Cuando jugaba, generalmente con Piqué de compañero, si Gerard era el que iba a avanzar con el balón, él debía abrirse hacia el vértice del área más cercano a su posición para que el delantero rival fuera a marcarlo y así liberar a su compañero de zaga. Si el que estaba marcado era Piqué, entonces él debía ser el encargado de subir con la pelota aprovechando los espacios. Y a pesar de lo que muchos podían creer en un primer momento, todos

los movimientos de aquel equipo inolvidable estaban muy trabajados.

Desde lo estratégico, otro punto al que debió acostumbrarse Milito fue a la marcación en zona, específicamente en las pelotas paradas. A lo largo de su carrera, Gabriel se había acostumbrado, salvo excepciones, a marcar hombre a hombre en los balones detenidos. Con Pep debió adaptarse. El día anterior a cada partido, Tito Vilanova, recordado exayudante de Guardiola, hablaba individualmente con cada titular y le asignaba una zona para marcar en cada tiro libre o córner ejecutado por el rival. Cuando el exdefensor de Independiente, entre otros, dirigió a Estudiantes de La Plata, puso en práctica la marcación zonal. Luego de unos partidos en los que el equipo recibió goles por esa vía, fue criticado por una parte de la prensa por realizar ese tipo de marcaje. Al siguiente partido, Gabriel decidió cambiar y hubo marcas individuales. Sin embargo, el rival también convirtió a través de una pelota detenida. Lo que llevó a Milito a expresar luego del encuentro: “Reclamaban marcar hombre a hombre, hoy lo hicimos y nos convirtieron igual. En las pelotas paradas no hay un sistema mejor que el otro, uno que garantice que no vas a recibir goles. Es sólo una acción de segundos que requiere concentración”.

Su relación con Guardiola fue bastante estrecha por distintos gestos que tuvo el entrenador. Cuando Pep fue confirmado al frente del Barcelona, en mayo de 2008, Milito se había roto los ligamentos cruzados. Fue al saltar con Wayne Rooney en la semifinal de la Champions League, en el partido disputado en Manchester, y sintió el crac en su rodilla derecha como le había ocurrido ocho años antes jugando para Independiente, en un partido ante Rosario Central en Avellaneda. Gaby fue operado por el doctor Ramón Cugat en la clínica Quirón. Hacia allí fue Guardiola para verlo personalmente. “Recuerdo que era el día después de la operación. Estaba internado hablando con mi familia cuando alguien golpeó la puerta de la sala. Era Guardiola”, recuerda el exdefensor. Hasta ese entonces sólo se había cruzado con Pep una vez, a principios de aquel año, en la Ciudad Deportiva cuando el entrenador dirigía el Barcelona B.

En aquella habitación, Guardiola le demostró que era alguien distinto. “Hablamos de mis lesiones, de las que había sufrido él en su etapa como futbolista y me contó que había viajado recientemente a la Argentina y que se había encontrado con César Luis Menotti y Marcelo Bielsa, dos entrenadores que me habían dirigido. Me dijo que, en esas largas horas de charla que mantuvo con cada uno, aprendió más que en toda su carrera como jugador”. Además de las anécdotas, lo sustancial de la visita fue hacerle saber a Gabriel que iba a ser tenido en cuenta una vez que se recuperara, que pensara en realizar una buena rehabilitación, sin apurarse.

Ese perfil detallista y su forma de tratar por igual a todos, a los que jugaban y a los que no, tuvo un nuevo ejemplo tres meses después. Corría agosto y Milito se encontraba en Buenos Aires realizando una parte de la recuperación física con el kinesiólogo de la Selección Argentina, Luis García. El Barcelona estaba por debutar en el repechaje de la Champions League ante el Wisla Cracovia de Polonia. La tarde del partido, mediodía en Buenos Aires, Gabriel recibió un llamado. “Estaba almorzando y sonó el celular. No iba a atender pero lo hice. Era Pep. Me dijo: ‘Hola Gaby, como sabrás hoy iniciamos oficialmente nuestra temporada y te llamo porque quiero que sepas que aquí te echamos de menos, que no nos olvidamos de ti y que hoy empieza esta Champions que tú vas a jugar. Quiero repetirte que estás presente en todos nosotros”. Milito, sorprendido por el gesto, agradeció las palabras de Pep y al cortar y hacer cuentas en relación a la diferencia horario, cayó que faltaban menos de dos horas para ese partido-debut y el entrenador del Barcelona lo estaba llamando para darle ánimo en la recuperación de su lesión.

Con el correr de los meses, pese a no trabajar a la par del plantel, Milito fue observando la capacidad de Guardiola en

cada entrenamiento. Más allá de la filosofía futbolística, una de las cosas que rescata es su liderazgo y su perfil de motivador para lograr el máximo de cada jugador. "Es un don que tiene. Cuando después del Mundial 2010, se sumaron a la pretemporada del Barcelona los jugadores que habían sido campeones del mundo con España, primero los felicitó con especial énfasis por lo que habían conquistado, pero al rato ya les estaba aclarando que si alguno creía que ya había logrado todo estaba muy equivocado. 'A partir de ahora arrancamos de cero. Todo lo que ya ganaron no existe más', les dijo. Sus mensajes te llegaban. Es su gran virtud".

Una anécdota que los une y que refleja justamente esa forma especial de dirigir de Guardiola tiene que ver con lo que sucedió el día anterior a la final del Barcelona contra Estudiantes por el Mundial de Clubes. En plena charla técnica, Pep invitó a Gaby a pasar al frente. "Quiero que les expliques a tus compañeros qué sienten los futbolistas de Estudiantes en este momento, tú que eres un gran conocedor del fútbol argentino", le pidió. Gabriel tomó la palabra y contó la importancia que tenía ese tipo de competencia para los clubes argentinos, lo que significaba Juan Sebastián Verón en aquel equipo, la capacidad de Alejandro Sabella al frente de ese plantel y la convicción que mostraba aquel equipo que, seis meses antes, había ganado la Copa Libertadores. "Me sorprendió el lugar que me dio en aquel momento tan importante", recuerda Milito, quien destaca de Pep la lectura que hace de los partidos. "Pep es distinto a los demás en el poder de resolución durante un encuentro. Es único para detectar un problema en pleno partido y solucionarlo. Planifica muy bien pero el rival juega. Y si le aparece un imprevisto, enseguida entiende cómo arreglarlo. Por ejemplo, cierra a un extremo, fija a un central y el equipo pasa a atacar mejor. Es el fútbol total: defiende bien, ataca bien, está repleto de variantes. En el Bayern Munich vi que a los laterales los hacía subir por adentro. Le pregunté por qué y me dijo que lo hace para tener uno más en el mediocampo y estar mejor armado ante una pérdida de pelota. Siempre piensa algo distinto".

En la actualidad, el contacto entre ambos continúa. Gabriel cenó con Guardiola en Buenos Aires las dos veces que el entrenador catalán vino al país para dar sus charlas sobre fútbol y también hubo dos encuentros en Munich, ya que Milito viajó para observar entrenamientos del Bayern. "¿Y? ¿Ya algún jugador te puso mala cara porque no lo pones?", fue lo primero que le preguntó el hombre de Santpedor cuando Gaby ya había comenzado su carrera de entrenador. En cada charla siente que aprende. "Muchos de los conceptos que hoy trato de inculcar los tomé de Pep. Robé muchas cosas de él y se lo dije, lo sabe". Justamente en esta etapa, donde debe dirigir y tomar ideas que lo marcaron, es donde queda claro que a Milito, al igual que Messi y Mascherano, cruzarse con Guardiola le cambió la vida.

CAPÍTULO 10

CON EL CUARTETO DE MANCHESTER

"Pep te abre la cabeza en cuanto a la forma de ver el fútbol. Al final de la temporada le dije gracias. Fue el año que más aprendí y crecí en toda mi carrera".
Wilfredo Caballero

Hasta mediados de 2016, Javier Mascherano, Lionel Messi y Gabriel Milito compartían el privilegio de haber sido los únicos argentinos en ser dirigidos por Guardiola. Durante su estadía en Munich, Pep no contó con futbolistas de nuestro país en la plantilla del Bayern. Pero al arribar a Manchester para hacerse cargo del City, en su mayor desafío como entrenador al asumir en un club que no ejerce un rol tan protagónico en la Premier como el Bayern en la Bundesliga o el Barcelona en la Liga BBVA, automáticamente se agregaron cuatro argentinos más a aquella selecta lista integrada por Masche, Leo y Gaby. Ellos fueron: Wilfredo Caballero, Pablo Zabaleta, Nicolás Otamendi y Sergio Agüero.

La temporada 2016/17 finalizó sin títulos y con suerte dispar para el cuarteto argentino. Pero de algo no quedan dudas: haberse cruzado con Pep en su carrera los marcó a los cuatro. Su influencia, inevitable.

Guardiola con Agüero

La relación del Kun con Pep, a lo largo de la primera temporada juntos en el City, arrojó un sabor agridulce. Algunas lesiones y suspensiones evitaron que el delantero argentino gozara de continuidad en el primer equipo. A eso, se le sumó la versión de una supuesta decepción del entrenador en cuanto a las expectativas futbolísticas que tenía depositadas en Agüero y eso llevó a la sospecha de que el arribo del brasileño Gabriel Jesús en la mitad de la temporada tenía el objetivo encubierto de desbancar al Kun de la titularidad, algo que finalmente, salvo en contadas ocasiones, no sucedió. Lo positivo es que Agüero nuevamente se erigió en el gran goleador del equipo, con un muy buen promedio de gol por partido, lo que lo mantuvo entreverado en los primeros puestos de la tabla de anotadores de la Premier conquistada por el Chelsea. Entre los distintos torneos de Inglaterra (Premier League, FA Cup y Copa de la Liga) más la Champions League, convirtió 33 goles en 45 partidos.

Antes de la llegada de Pep al club, el atacante argentino también estaba ilusionado con el nuevo ciclo. “Hablé con Messi y me dijo que iba a ser muy bueno para mí tener a Guardiola como entrenador. Leo me contó que Pep es impresionante. Otros jugadores que fueron dirigidos por él me dijeron lo mismo. Es un técnico que a todos les mete mucha presión y a veces los jugadores necesitamos eso”, comentaba a la prensa a principios de agosto del 2016, en la previa del arranque oficial de la temporada.

El inicio rozó la perfección: el Kun convirtió seis goles en los tres primeros partidos oficiales de Guardiola en el banco del City. Pero luego de ese tercer encuentro, que fue un triunfo ante el Stoke City por 4 a 1 en el que Agüero convirtió dos tantos, Pep realizó una sugestiva declaración en rueda de prensa en la que le exigía al argentino algo más que goles. “No es suficiente con esperar a que te llegue el balón por parte de tus compañeros. Sergio tiene que ser el primero en presionar arriba y estar en constante movimiento para ayudar al equipo. No puedes ser brillante cuando, una vez que has perdido el balón, desapareces. Es imposible. Y en cambio, eso es lo que él hace. Debe implicarse también en las tareas defensivas".

Ese llamado de atención en público también lo había sido realizado en privado y esa faceta del juego era la que Pep le marcaba constantemente al Kun: su poca predisposición para colaborar a la hora de recuperar la pelota. "Los defensores serán los primeros delanteros y los delanteros, los primeros defensores", es una frase de cabecera para el hombre de Santpedor y una idea prácticamente innegociable. Para su ideología, la presión alta es vital y precisa de los intérpretes adecuados para llevarla a cabo. Agüero, a todo esto, no cuestionaba ni polemizaba públicamente con el entrenador. De hecho, no lo hizo nunca durante toda la primera temporada. Incluso, su nueva referencia al técnico fue en una entrevista realizada por un medio de TV argentino en el que el Kun sorprendió a todos al revelar una charla que había tenido con Pep. "Guardiola me dijo que él tenía ganas de dirigir la Selección Argentina, pero que nunca lo llamaron".

La racha goleadora de Agüero se extendió un poco más: convirtió once goles en los primeros seis partidos oficiales, incluyendo Premier y Champions. Pero el buen arranque del Kun y también del City resultó efímero. Luego de eso vinieron una seguidilla de traspiés en lo personal: una suspensión de tres partidos, una racha de apenas ocho goles en 24 partidos, una lesión muscular y las versiones en la prensa sobre su salida del equipo al finalizar la temporada. Dichas especulaciones siempre fueron rechazadas por el propio Guardiola, cada vez que era consultado al respecto. Esa mala racha coincidió con el bajón futbolístico de todo el equipo.

La llegada del brasileño Gabriel Jesús, ya en enero de 2017, alimentó aquellos rumores. Pero en febrero, Pep volvió a desactivarlos públicamente y con mayor énfasis negó la

chance de que el Kun se fuera del City. "Entiendo el debate periodístico, pero no hay dudas sobre la calidad de Agüero. Es uno de los jugadores más importantes del plantel. Ha jugado casi siempre a lo largo de la temporada, salvo contra el Barcelona por la Champions por una decisión técnica. Y existe la posibilidad de que Agüero y Jesús puedan jugar juntos, sin dudas. Sergio se quedará con nosotros". El partido contra el Barcelona, al que Guardiola hizo alusión, correspondió al encuentro disputado en el Camp Nou por la fase de grupos. Pese a ser uno de los jugadores más importantes del equipo, Pep dejó al argentino en el banco y afrontó el match con De Bruyne como falso nueve. Luego, en el segundo tiempo, el Kun tuvo sus minutos en cancha.

El mayor grado de compromiso y esfuerzo para con el equipo, pareció surtir efecto sobre el último tramo de la temporada. Recuperada la titularidad por una lesión de Jesús, Agüero se mostró más participativo al momento de tener que ayudar a sus compañeros, para recuperar la pelota. Guardiola modificó ciertas estrategias, evolucionó como entrenador desde aquel joven debutante en el banco del Barcelona B, pero si hay algo que no cambió es su pensamiento sobre el rol que debe asumir el centrodelantero de su equipo. Que se tire a los costados, que retroceda para quitarle referencia a la zaga central rival y que sea el primer eslabón de la presión alta en la salida del equipo contrario. Para la temporada 2017/18, el desafío del entrenador está puesto en hacer funcionar a la dupla Agüero-Jesús.

Guardiola con Caballero

La controvertida salida de Joe Hart del club generó mucha polémica. El arquero titular durante el ciclo de Manuel Pellegrini no fue tenido en cuenta desde el inicio por Guardiola, quien buscaba un arquero con características más cercanas a su estilo. Por ese motivo, Hart debió emigrar al Calcio. Pep pidió por la llegada de Claudio Bravo, quien podía salir del Barcelona. El chileno era capaz de aportarle esa buena salida con los pies que tanto le interesa al entrenador. "La superioridad arranca con el portero", es una de sus conocidas frases de cabecera.

Aislado de esas polémicas mediáticas y de los movimientos en el mercado de pases con respecto al arco, el argentino Wilfredo Caballero encaró la temporada de la misma manera que en otras ocasiones: con el objetivo de pelear por la titularidad. Lo que sí habría de cambiar con el arribo de Pep, era una modificación sustancial en su función. Por primera vez en su carrera, un entrenador le pedía una mayor participación en la acción de iniciar el juego. Él ya sabía, de antemano, que salir jugando era y es una parte estructural en la estrategia de construcción del juego del hombre de Santpedor. Y Willy debía preocuparse por mostrarse con aptitud para el juego con los pies. "Nunca me había ocurrido a lo largo de mi carrera tener a un entrenador que le diera tanta importancia al hecho de saber salir jugando desde mi arco. En toda la temporada me entrené tratando de mejorar en ese aspecto para que no me costara tanto el día que me tocara jugar. Al arrancar su ciclo se notó, desde el comienzo, el gran valor que le da a que el arquero sepa jugar con los pies. El pretende siempre una salida limpia y clara. Así que aprendí a leer jugadas, descubrir los espacios y ver los movimientos de mis compañeros y de los rivales", explica el argentino.

A mediados de la temporada, una cadena de errores cometida por Bravo y la consecuente reprobación del público llevaron a que Guardiola optara por darle descanso al chileno y otorgarle la responsabilidad de ocupar el arco a Caballero. El argentino respondió a esa confianza con creces. De hecho, partidos claves en la temporada como la serie de octavos de final de la Champions League ante el Mónaco, lo tuvieron a Willy como titular. "Más allá de su idea, en la Premier él entendió que igual de importante como sacar la pelota jugando es que el arquero ataje y le sea útil al equipo para salvar situaciones de peligro", acota el arquero.

Al finalizar la temporada, en la que atajó más de lo que se suponía que iba a hacerlo, Caballero ya sabía que no continuaría en el club porque Guardiola se lo había comunicado. Lejos de tomarlo mal, el arquero cuenta qué le dijo a Pep el día de la despedida. "Le dije gracias porque ese año fue el que más aprendí y crecí en toda mi carrera. También le agradecí por la paciencia que me tuvo. Él podía tener el arquero que quisiera para el City y muchas veces se decidió por mí. Le dije que, en el último partido que me tocó atajar, me sentí jugando muy suelto y natural, disfrutando de esta forma de jugar y de leer cada partido como él me había inculcado a lo largo de todo el año de trabajo".

Para Willy, la temporada con Guardiola fue una experiencia magnífica. "Pep tiene esa obsesión por jugar casi de forma perfecta, cuidando los pases, los controles y demás. El balance es súper positivo. Aprendí mucho, te abre la cabeza en cuanto a la forma de ver el fútbol. Si hoy estoy lleno de conceptos, fue gracias a haber convivido y a haber sido entrenado por él".

Guardiola con Zabaleta

Una de las últimas innovaciones tácticas en el fútbol mundial tuvo la firma, casualmente, de Pep Guardiola. Los laterales o marcadores de punta, confinados desde toda la vida a ocupar un lugar sobre la banda, algunos con responsabilidades sólo defensivas y otros con el plus de aportar en ataque según la línea futbolística del entrenador de turno, empezaron a tener otra función de la mano del iluminado catalán. En su estadía en el Bayern, Pep apostó a una variante estratégica que luego sería copiada en varios lugares del mundo, incluso en la Argentina: los laterales subiendo a la zona del mediocampo, pero no pegados sobre la raya para abrir la cancha sino colocándose por adentro, como falsos interiores. Los hoy llamados "lateriores". El objetivo de Guardiola en esa modificación posicional encerraba dos motivos:

El efecto sorpresa. Que la amplitud la dé el interior al correrse hacia afuera o el extremo que vaya por ese sector. De esta manera, los mediocampistas rivales pierden referencias a la hora de marcar. Un lateral lanzado en ataque pero en diagonal hacia el área, genera complicaciones porque provoca la duda en el rival en cuanto a quién debe tomar dicha marca. Es decir que ese supuesto desorden propio tiene como intención lograr el desorden ajeno. Lahm y Alaba, en su ciclo en el Bayern, lo cumplieron a la perfección.

La previsión. Poco después de comenzar su etapa en el fútbol alemán, Pep había notado que con su equipo volcado en ataque, con sus interiores altos y con los laterales bien por afuera, el rival de turno solía colocar a los delanteros o mediocampistas ofensivos a los costados del volante central del Bayern y que por esos pasillos internos se desarrollaban los contragolpes. Por más que en la Bundesliga eso fuera una eventualidad, Guardiola pretendía cerrar esos caminos para que su equipo no fuera vulnerable. La innovación de

los “lateriores” le ofrecía esta posibilidad. Con uno o los dos marcadores de punta posicionados por adentro, a ambos costados del mediocentro, el Bayern se preparaba posicionalmente ya para defender mientras estaba atacando.

Esa estrategia también afectó a Zabaleta y a los otros laterales del Manchester City. Acostumbrado a recorrer toda la banda, el exSan Lorenzo debió perfeccionarse en meter la diagonal y en actuar también por adentro. “Con Pep, la función puntual del lateral era la de no ser tan profundo sino dejar que el extremo fuera el jugador de ataque sobre la banda, en situación de uno contra uno. Sí se podía llegar por sorpresa, si el extremo de la misma banda se metía hacia adentro. Pero la idea principal era la circulación rápida de la pelota de un lado a otro, como para que el extremo pudiera llegar en situación de estar uno contra uno ante el rival y así generar peligro. O en todo caso buscar la profundidad con un desmarque al espacio”, explicó Zabaleta con mucho sentido táctico.

Cumplir dicha función le llevó un tiempo de adaptación. “Él quería que el lateral fuera hacia el centro del campo y hacia adentro sobre todo para controlar las contras, estar cerca de los jugadores de ataque del rival para que ante una pérdida de la pelota de nuestro equipo, quedar cerca de la zona de presión para poder recuperar el balón lo más rápido posible y en campo contrario. Es lógico que al principio costó un poco ese movimiento. En mi caso, venía de entrenarme con Manuel Pellegrini, que buscábamos otro tipo de juego, el de ser mucho más profundos con los marcadores de punta. Él jugaba sin extremos, con jugadores que iban más por adentro, entonces yo era una opción por afuera. Con Pep aprendí a ir hacia adentro y eso llevó un poco de tiempo. Pero era algo que entrenábamos bastante en la semana. En ese sentido, Pep prepara muy bien los partidos y te da muchas soluciones antes de cada encuentro”, agregó Pablo.

Al igual que Caballero, el final de la temporada marcó el adiós de Zabaleta del Manchester City. Un ciclo cumplido luego de varios años que lo hicieron uno de los referentes del plantel. A tal punto que Guardiola, lo elogió antes de disputar su último partido frente al West Bromwich. "Respeto mucho a Pablo. Su impacto aquí ha sido increíble. Ha estado nueve años y eso no es fácil. Fue el primer jugador en venir a este club, cuando llegaron los nuevos propietarios. Él ayudó mucho a hacer más grande a este club", declaró. Luego del encuentro, lo definió con una frase: "Es una leyenda para el Manchester City".

Con el lateral argentino, Guardiola siempre tuvo un muy buen diálogo. "Pep admira muchísimo el fútbol argentino. Muchas veces hemos hablado de entrenadores, de ideas, de la pasión con la que vivimos nosotros el fútbol, de los jugadores argentinos que le tocó dirigir... Me ha mencionado a Bielsa y a Menotti, hemos hablado de la Selección también... Es una persona que suele tener interés por todo y suele preguntar bastante".

A la hora del balance tras un año con el catalán, Zabaleta afirma: "Fue realmente muy bueno más allá de que en lo colectivo no ganamos ningún título. Pero en lo personal fue una gran experiencia, aprendí cosas diferentes. Pep tiene conceptos distintos, nuevos, es alguien que innova constantemente y aprendí mucho. Lo que destaco de él es la manera en la que vive el fútbol. Es una persona muy intensa, vive 100% para el fútbol y transmite esa pasión, esas ganas de querer mejorar, de exigirse, de mantener el nivel competitivo al máximo todo el tiempo. También resalto mucho la gran capacidad que tiene para preparar los partidos, la información que te da, los aspectos tácticos que te marca sobre cómo poder dañar al rival. Muchas veces en los partidos sucedían esas cosas que habíamos entrenado en la semana".

Guardiola con Otamendi

Nicolás Otamendi, en sus primeros entrenamientos con Guardiola como técnico, pasó por la misma situación que le tocó vivir a Gabriel Milito cuando en el Barcelona comenzó a ser dirigido por Pep. Acostumbrados a hacer "control y pase", debieron empezar a conducir. A Guardiola no le gusta que los centrales dividan la pelota. Les exige pase limpio en la salida y valentía para avanzar con el balón. Claro que eso requiere no sólo de capacidad técnica sino de una correcta lectura de juego. Es imprescindible la inteligencia para conocer cuándo arriesgar, cuándo dar el pase y cuándo conducir. Y también la convicción.

Así, en los primeros partidos de la temporada, Otamendi comenzó a mostrar otra versión, un juego muy diferente al que se le veía en la Selección Argentina. Por ejemplo, en el partido contra el Manchester United, correspondiente a la Premier League, mostró esa faceta casi en su máxima expresión. Con John Stones, el otro zaguero central, marcado casi siempre por Zlatan Ibrahimovic, el defensor argentino participó permanentemente del juego de salida al tener mayor libertad de movimientos. Lo hizo bastante bien y terminó aquel encuentro, que fue victoria para el City, como una de las grandes figuras del partido.

Pese a que la defensa del Manchester City, junto con el arquero, fue la zona más cuestionada por los medios periodísticos y los hinchas del equipo, Otamendi mantuvo la titularidad a lo largo de la temporada salvo unas pocas ocasiones. Como Milito, debió adaptarse a achicar siempre hacia adelante, cerca la zona del círculo central cuando el rival se replegaba demasiado y también tuvo que acostumbrarse a defender espacios grandes. Sin dudas, todo un aprendizaje y un master en la materia de la mano de Guardiola.

CAPÍTULO 11

SALIR JUGANDO

"Soy un fan de la salida de atrás. Cruyff decía que los jugadores más importantes para que un equipo juegue bien con la pelota son los defensores. Si sales bien, atacas bien . Si no sales bien, será difícil...".

Pep Guardiola

Si existe dentro del llamado Método Guardiola algo que lo identifica claramente y que simboliza, de manera plena, su marcada ideología futbolística es el hecho de que sus equipos siempre eligen salir jugando desde el fondo. Lo que él denomina iniciar el juego. Esa premisa nace de un concepto lógico e insoslayable formulado por el propio entrenador catalán: "Si mi arquero tiene la pelota para comenzar a jugar, ¿por qué la voy a dividir con un pelotazo?". Para Pep no hay forma de que pueda existir un buen ataque sin una correcta salida desde su propio arco. Además, esta idea está estrechamente relacionada con otro concepto suyo que integra su ABC como entrenador de fútbol: "Mis atacantes son los primeros defensores y mis defensores son los primeros atacantes".

Más allá de la influencia de Cruyff y de la escuela holandesa en ese Fútbol Total que dispara la sentencia de que no hay sólo defensores ni sólo atacantes en sus equipos, aparece en el medio otra vez un argentino. En este caso para influenciar-

lo y reforzar esa idea de iniciar el juego desde atrás: Ricardo La Volpe. Cuando Guardiola fue a jugar a los Dorados de Culiacán, el exarquero y entrenador argentino dirigía a la selección de México, que se preparaba para el Mundial de Alemania 2006. Y en la liga mexicana eran varios los equipos que utilizaban la salida por abajo como una de sus principales estrategias. Pep, ávido por indagar distintas propuestas tácticas, intentó contactarse con La Volpe en aquel momento para una reunión. "No tuve la suerte de conocerlo personalmente. Lo intenté pero él estaba muy ocupado con la selección", se lamentó tiempo después. Igualmente, en el fútbol mexicano había algunos "lavolpistas" que copiaban aquella idea del argentino, como Daniel Guzmán Castañeda en Atlas, Rubén Romano en Cruz Azul, José Guadalupe en el León y Miguel Herrera en Monterrey. Para Guardiola, aquella experiencia, la última de su carrera como futbolista, resultó un curso acelerado cuyo aprendizaje le serviría para su futura profesión.

Sobre La Volpe y su método para salir jugando, Pep comentó una vez en una entrevista: "Sus equipos siempre juegan muy bien, con un sistema especial de cinco defensores. Su construcción de la línea defensiva, su primera opción de salida al frente con el balón, es de las mejores que he visto. Dejó un sello identificativo en los equipos que dirigió, en la selección y en el país".

En plena disputa del Mundial 2006, Guardiola era uno de los columnistas especiales del diario *El País* de España. Y en uno de sus tantos artículos fue elogioso con La Volpe y la selección mexicana que en aquella Copa del Mundo quedaría eliminada en los octavos de final con la Argentina, gracias a aquel zapatazo de Maxi Rodríguez ya en el alargue.

Esto fue lo que escribió Pep:

"Ricardo La Volpe, argentino él y seleccionador mexicano, ha escogido que su defensa salga jugando. No que empiece jugando, que es otra cosa. El significado de empezar jugando es pasarse la pelota entre los defensas, sin mucha inten-

ción, para lanzarla la mayoría de las veces. Pero La Volpe obliga a otra cosa. Obliga a salir jugando, que no es otra cosa que jugadores y pelota avanzando juntos, al mismo tiempo. Si lo hace uno solo, no hay premio. No vale. Han de hacerlo juntos. Como lo hacen los novios cuando salen juntos.

Me contaron cuando estuve en México que Ricardo Lavolpe, de manera intervencionista y conductista, obliga en los entrenamientos, durante 30 minutos, a que sus defensores avancen, ellos y la pelota, una y otra vez. Al más mínimo error en un pase o no ensanchar el campo estirándolo como si fuera una goma hasta las líneas de banda, o no jugar con el portero cuando se debía jugar, repito al más mínimo error, vuelta a empezar. Para, corrige, grita y vuelta a empezar. Una y otra vez. Cientos de veces hasta que sus tres defensores hagan de novios durante 30 minutos. Ellos y la pelota.

En el partido frente a Irán, Márquez, Osorio y Salcido ejercieron de alumnos aventajados. Los tres son maravillosos generando juego. Me viene a la memoria que un día, escuchando a Johan Cruyff, contaba que los jugadores más importantes para que un equipo juegue bien con la pelota en su poder, son sus defensores. Si sales bien, puedes llegar a jugar bien; si no lo haces, no hay opción. Johan cree que aquello que equilibra el juego es la pelota. Pierde muchas y serás un equipo desequilibrado. Pierde pocas y será todo equilibrio".

La estrategia inicial, que luego puede tener variantes dependiendo de cómo el rival intente contrarrestarla, consiste en que, ante cada saque desde el arco, los dos zagueros centrales se abran a las alturas de los vértices del área grande y los marcadores laterales avancen por su banda hasta la mitad de la cancha. La intención es salir jugando con uno de los centrales bien abiertos. Que el que esté libre de marca avance con el balón hasta el mediocampo con el objetivo de atraer a algún rival y ahí sí poder dar el pase hacia adelante para generar, automáticamente, una superioridad numérica detrás de la primera línea de presión del rival. Si el equipo

contrario decidiera presionar a ambos centrales, un posible plan B es que el arquero busque al volante central que, para ello, debe retroceder a la zona cercana a la medialuna del área propia, un espacio ya liberado por los dos zagueros centrales, para así poder recibir el balón. El fin principal, además de asegurar la tenencia y la correcta circulación de la pelota, es generar una superioridad numérica ya desde la fase defensiva. Por lógica, siempre habrá un jugador más del lado propio que del rival ya que el equipo contrario suele disponer de un defensor que queda libre para "sobrar". Por ejemplo: si el equipo A ataca con tres delanteros, el equipo B defiende con cuatro hombres. Por ese motivo, el equipo A siempre tendrá un jugador libre de marca en la fase de generación de juego. La idea, entonces, es saber aprovechar al máximo esa superioridad.

¿Qué sucede si ese volante central también llegara a ser acosado por un rival? Un posible plan C, en ese caso, de acuerdo con el sistema de Guardiola, establece que uno de los dos mediocampistas interiores (los dos volantes que acompañan al 5 en un 4-3-3) retroceda para mostrarse como opción de pase. Si esa posibilidad tampoco existiera, ahí surge otra posibilidad: saltar la línea de presión mediante un pase largo, por lo general a cargo del arquero. ¿Cuál sería la búsqueda? El famoso hombre libre, concepto del que suele hablar Guardiola. De ahí la importancia, también, que Pep le adjudica a su arquero en esa primera fase del juego. Una condición indispensable es que sepa desenvolverse correctamente con los pies y también que posea una buena lectura del juego para encontrar a ese compañero libre de marcas. La idea necesita de precisión e inteligencia. "La superioridad arranca con el portero", ha dicho Pep en más de una ocasión.

Al poco tiempo de iniciar su carrera como entrenador, Guardiola, fascinado con ese recurso, comenzó a poner en práctica dichas salidas. Y tuvo su pico de popularidad en su segunda temporada al frente del Barcelona, la 2009/10. Lo que él pretendía, era asegurar el destino del balón ya desde su propio campo. Si bien esta herramienta incluye una cierta dosis de riesgo, porque el *pressing* del rival o la imprecisión propia puede generar un importante inconveniente defensivo, el entrenador catalán mostró siempre su convicción para llevarla adelante. Incluso ante la aparición del error. En contra de lo que se cree, son contadas las veces en las que el Barcelona, el Bayern Munich y el Manchester City recibieron goles por equivocaciones en las salidas. “Yo tuve la suerte de formarme en el Barcelona y ahí me enseñaron cómo sacar la pelota desde atrás. Yo creo que para jugar bien hay que cuidar el balón desde tu zona defensiva. Esto lo aprendí cuando tenía 14 años”, ha reiterado en diversas entrevistas.

Al clásico inicio del juego de La Volpe, Pep le fue agregando detalles y distintas opciones para evitar que el rival pudiera neutralizarlo cerca de su propio arco. Entre ambos hay diferencias, claro. Por empezar, la disposición táctica. El exarquero argentino radicado en México es fan de la línea de cinco defensores. Guardiola se inclina por cuatro atrás, aunque en ocasiones llegó a emplear una última línea integrada por tres hombres. Sí coinciden en que el recurso es vital para avanzar con mayor orden para luego poder desordenarse y desequilibrar en el sector del campo donde es imprescindible hacerlo.

En aquella estadía de Guardiola en México no hubo encuentro, pero siete años más tarde, cuando Pep dio su primera charla en la Argentina, La Volpe fue uno de los espectadores en aquel teatro Gran Rex. Luego de la exposición y de los aplausos del público, el entrenador argentino fue invitado a subir al escenario y allí intercambió las primeras palabras con el ya consagrado colega catalán. A la hora de desmenuzar este capítulo, sus opiniones se imponen casi como obligatorias... “Cuando empecé a entrenar tenía la idea de poner en práctica muchas de las cosas que había visto con Menotti. Tenerlo como entrenador a César en la Selección influyó muchísimo en mí. Antes nadie practicaba salir jugando desde el fondo. Con él lo hacíamos. Siempre

buscaba que el equipo le diera un trato preciso a la pelota, que los defensores avanzaran con el balón, no que tiraran pelotazos a campo contrario. La idea era simple: pasarse la pelota entre los jugadores del mismo equipo para llegar al arco rival", cuenta.

La Volpe menciona uno de los secretos para que el plan sea exitoso: "Lo más importante es que el equipo tenga un orden y una disciplina táctica para así poder salir jugando desde su propio arco y pueda superar al rival en las distintas fases del juego. Si hay desorden, entonces no va a funcionar. Para lograr eso se necesita trabajo".

Para el entrenador que ha hecho gran parte de su carrera en el fútbol mexicano, hubo algo que lo hizo decidirse y adoptar esa estrategia. "Cuando empecé y vi que al poner a un 9 automáticamente ya estaba reteniendo a los dos centrales rivales, supe que ahí estaba la clave. Eso significaba que mi equipo iba a tener a un jugador sin marca, libre. Y eso había que aprovecharlo. También noté otra cosa. Que en la mayoría de los casos, el rival me jugaba con dos delanteros o con un punta y un mediapunta. Entonces, para aprovechar al máximo la diferencia, implementé la línea de tres defensores. ¿Para qué jugar con cuatro atrás si el rival me atacaba con dos? Con tres me alcanzaba. Y ese cuarto defensor lo pasaba a la mitad de la cancha, para sumar más gente en el mediocampo".

El lugar en donde mejor quedó reflejada su estrategia, fue en la selección de México, durante su proceso como entrenador entre el 2002 y el 2006. "Yo tenía a Rafa Márquez, a Osorio y a Salcido. Osorio, que era el líbero, era el que solía iniciar el juego. Por ejemplo, en el partido de los octavos de final del Mundial 2006 contra Argentina, Osorio salía jugando hacia su derecha, donde encontraba a Márquez como opción de pase. Argentina atacaba con Crespo y Tevez. Por esa zona derecha de nuestra defensa iba Crespo a presionar, pero con Osorio y Márquez le hacíamos el dos-uno. Por el otro costado, Salcido quedaba emparejado con Tevez. En

ese dos-uno a Crespo lográbamos saltar esa presión y uno de los dos (Osorio o Márquez) avanzaba así a la zona del mediocampo con pelota dominada, logrando superioridad numérica. En el 4-3-1-2 de Argentina, los únicos que marcaban por la derecha nuestra eran Cambiasso y Sorín. O sea que eran dos para marcar a tres nuestros, que eran nuestro carrilero derecho, el volante derecho y el defensor (Osorio y Márquez) que había pasado al medio conduciendo el balón".

Conseguir un funcionamiento colectivo capaz de sostener esa estrategia no fue fácil. Ahí, La Volpe vuelve a dar otro secreto: "La ventaja que tuve en la selección de México es que pudimos desarrollar la idea, porque la gran mayoría de los jugadores actuaban en la liga local. Eso nos permitía tener tiempo para ensayar y entrenar como yo pretendía. Para ese estilo de juego, se necesita mucho poder de convencimiento del entrenador para lograr la aceptación del futbolista. No es algo sencillo. Siempre va a ser más fácil para el defensor practicar el pelotazo o el pase largo".

Eso que sí pudo lograr en México no lo consiguió en sus experiencias en el fútbol argentino, en Boca (2006) y en Vélez (2007). Algo que el entrenador reconoce: "Cuando llegué a Boca busqué hacer lo mismo, con tres defensores y con Ibarra y Krupoviesa, que eran los marcadores de punta, en la mitad de la cancha. Ibarra, por características, era más dúctil con la pelota y por eso salíamos mucho más con él. El problema que noté es que en la Argentina hay miedo a salir jugando. No es como en México, que el jugador lo acepta y lo ve de otra manera. El convencimiento allá es clave. Lo que sucede en el fútbol argentino es que perdés dos partidos y te rajan, entonces el entrenador no se la juega tanto".

En el River-Boca jugado en el Monumental, disputado en octubre del 2006 y que contó con la presencia de Guardiola en la platea, el primer gol del equipo local se produjo luego de una mala salida de la defensa xeneize, en un error compartido por Silvestre y el arquero Bobadilla. Luego del encuentro, La Volpe lo minimizó: "No perdimos porque en esa

jugada intentamos salir jugando. Igualmente, hubo errores que debemos corregir".

De su estadía en Vélez recuerda una anécdota, que sirve para diferenciar el inicio del juego colectivo con algún arrebato de carácter individual. "Un día íbamos perdiendo contra Boca y a un defensor nuestro se le ocurrió salir jugando. Gambeteó a Palermo, pero luego Palacio se la robó y vino el gol. Ahí la hinchada de Boca empezó a cantar 'salí jugando, la puta que te parió...'. Y sentado en el banco pensé: '¿Qué tengo que ver yo?'. Salir jugando requiere de un orden y de un funcionamiento colectivo. Salir a eludir rivales es otra cosa".

Un año después de aquella última frustrante experiencia de La Volpe en Argentina, Guardiola asumía como entrenador de la Primera del Barcelona y de a poco comenzaba a mostrar ese inicio del juego cerca de su propio arco. Pero Pep no fue el primero en poner en práctica aquella estrategia en el Camp Nou, que ya había sido ejecutada por aquel Dream Team de Cruyff de principios de los años 90. Allá por 1983, unos 25 años antes de la flamante era Guardiola, un tal César Luis Menotti apostaba a algo parecido... "Me costó mucho. La gente nos silbaba por dar muchos pases. Yo jugaba con Maradona de 9, parecido a la posición que Guardiola ponía a Messi. Después tenía a Carrasco y Marcos en las bandas, Schuster parado como jugaba Xavi... Y me acuerdo de que entraban al vestuario en el descanso y los jugadores tenían un humor... 'Así no podemos jugar', me decían. Claro, porque cuando Schuster se la tiraba atrás a Alexanco para volver a empezar, nos silbaban. Con un 3 a 0 sí aparecían los "olé, olé", pero nos costó bastante".

En aquel Barcelona, Menotti le dio confianza a Migueli, un central duro para la marca pero con poca destreza técnica en la teoría, para que se animara a salir con la pelota en los pies. La motivación dio resultado. Años después, el histórico defensor del conjunto catalán reconoció: "Menotti fue el primero que nos dio una idea de juego de toque. Y a mí me cambió totalmente la manera de jugar. Yo era un central que no pasaba nunca del centro del campo más que para ir a rematar los saques de esquina. El me dio la responsabilidad de sacar la pelota desde atrás, de hacer pases largos... Me hizo mucho mejor futbolista del que era".

Guardiola utilizó ingredientes de Cruyff, de La Volpe y de Menotti, los mezcló y le aportó su propia receta para apostar por esa estrategia: su Barcelona debía iniciar el juego desde el fondo, tratando de encontrar la superioridad, el famoso hombre libre. "En los entrenamientos era el aspecto del juego que más ensayábamos", cuenta Gabriel Milito, quien fue dirigido por Pep durante tres temporadas. "El veía al rival de turno y ya sabía cómo nos iban a presionar de acuerdo a si jugaban con dos puntas, con uno y un mediapunta, con extremos o sin extremos... Entonces, el día del partido, nosotros manejábamos dos o tres alternativas a la hora de salir jugando por si el rival cambiaba su estrategia", agrega el exdefensor, confirmando, por si hiciera falta, que ese estilo escondía una cuidadosa planificación donde casi no había detalles librados al azar. Milito recuerda que la orden era volver hacia atrás si no se encontraban los espacios. Que eso era preferible antes que dividir el balón. En esa idea de Guardiola había una coincidencia con su exentrenador Louis Van Gaal. Algo analizado minuciosamente en su momento por el mismísimo Marcelo Bielsa: "El Ajax de Van Gaal realizaba, en promedio, 37 pases hacia atrás. El aficionado los rechaza, por ansioso. Pero, indudablemente, esa jugada es el comienzo de un nuevo intento".

Con el tiempo, ese recurso con fuerte presencia asociativa se convirtió en una marca registrada de ese histórico Barcelona de Pep. Los rivales buscaban la forma de contrarrestarlo, pero ahí radicaba el gran mérito de Guardiola: siempre le daba una vuelta más al planteo para evitar ser presa de la táctica rival. A diferencia de aquel ejemplo que dio La Volpe sobre lo que le ocurrió en Vélez, en ese Barcelona no había lugar para acciones individuales que provocaran un peligro en el arco propio. Su virtud fue la de convencer a los jugadores de que cada uno cumpliera su función de la manera más correcta posible, con libertad para jugar pero achicando el margen de error. Milito acota: "¿Por qué Xavi recibía siempre solo en la mitad de la cancha? ¿Por qué Messi e Iniesta recibían solos? ¿Por qué los extremos lograban quedar mano a mano con el lateral rival? La respuesta es que había un gran trabajo detrás. Guardiola analizaba mucho al rival, a través de videos, y siempre pensaba en opciones para atacar mejor, que incluían salir jugando bien desde el fondo. La improvisación en ese Barcelona era mínima".

Ya a esa altura, Pep destacaba el valor de tener buenos defensores, conscientes de que su equipo precisaba hombres preparados para afrontar otras contingencias del juego: "Un defensa puede ser bueno en un equipo, pero debe saber, por ejemplo, que si juega en el Barcelona se encontrará solo en el fondo la mayoría de las veces, con los laterales subiendo, con todo el equipo adelante y con 30 metros vacíos a su espalda. Entonces la situación será muy diferente a la de otros equipos, donde jugará más arropado". Hacía mención, con aquellas palabras, a la carencia de esa zona de confort que para los defensores significa el área cercana a su propio arco.

Como sucede en varios campos, los modelos exitosos suelen ser copiados. Y aquella forma de iniciar el juego del Barcelona comenzó a ser imitada en muchas ligas del mundo. Incluso, en selecciones. Ahí también surge otro mérito de Guardiola: supo revertir la tendencia mundial. Del miedo imperante al resurgimiento de la valentía. Una revolución estratégica, al fin y al cabo. Y esa corriente alcanzó al fútbol argentino. Con matices, claro, y todavía lejos de ser algo masivo. Pero ese Barcelona contagió a varios y animó a otros a abandonar tanta táctica especulativa.

En la Argentina, más allá de la experiencia fallida de La Volpe y de antecedentes aislados con resultados dispares como los de Menotti y Cappa, el primero en utilizar el recurso de salir jugando en estos tiempos modernos fue el

Newell's de Gerardo Martino. Sin dudas, aquel conjunto que salió campeón del Torneo Final 2013 fue el mayor exponente de la filosofía de Guardiola en nuestro país. Y lo hizo el Tata, quien en su ciclo en Paraguay había mostrado un fútbol diferente. "En mi etapa al frente del seleccionado paraguayo no pusimos en práctica ese estilo, por las características de los jugadores que teníamos en ese momento. La idea que intentamos plasmar y que logramos llevar al campo de juego, tenía que ver con ser protagonistas pero de otro modo, no a través de la tenencia del balón. No porque no me gustara sino porque encontrábamos dificultades para elaborar juego. Entonces nos adaptamos y buscamos apostar al *pressing* en campo rival y al juego directo. Después del Mundial de Sudáfrica sentíamos la necesidad de evolucionar y que el equipo pudiera elaborar un poco más. Desde la presión y el ataque directo ya habíamos hecho todo lo que había que hacer. Y más allá de jugar al año siguiente la final de la Copa América, creímos que no evolucionamos sino todo lo contrario. Evolucionamos en el resultado, pero no en el juego y entonces nos fuimos", cuenta sentado en el sofá de una de las oficinas del predio de la AFA en Ezeiza.

El exentrenador de la Selección Argentina no oculta la fuerte influencia que tuvo Guardiola, en ese aspecto del juego que puso en marcha en Newell's. "El Barcelona lo hacía a la perfección y nosotros creíamos que podíamos hacerlo. Básicamente, lo que traté de imitar fueron las salidas y la permanente búsqueda de crear superioridad numérica. Siempre es clave que la pelota llegue al campo rival saliendo limpia desde el fondo. Lo importante en este tipo de casos es mantener la convicción propia y lograr convencer al jugador. Teníamos a Guzmán, un arquero con buen pie, y a dos centrales como Vergini y Heinze que estaban convencidos de intentarlo. El Gringo venía de la Roma, donde había ejercitado este recurso de la salida porque había tenido a Luis Enrique como entrenador. Nosotros decidimos implementarlo y dos veces por semana practicábamos distintos tipos

de inicio del juego. Por ejemplo, con un rival que presionaba arriba y con otro que nos esperaba. Lo que hacíamos en el entrenamiento, por ejemplo, era achicar la cancha. Si sabíamos que el rival de turno nos iba a esperar no practicábamos con el campo entero porque con un rival replegado terminás jugando en 50, 60 metros. Si el rival nos iba a presionar más arriba, ahí sí ensayábamos con el campo completo. Para eso utilizábamos como sparrings a los chicos de Inferiores. Lo positivo de la insistencia en la ejercitación es la convivencia con el error, la posibilidad de equivocarte para luego corregirlo. Cuanto más entrenás el riesgo, más te alejás de la posibilidad de equivocarte durante el partido. Por eso, ese tipo de recurso necesita tiempo para trabajarlo".

Martino aporta con qué está relacionada esta herramienta del juego. "La situación de salir jugando y de que haya mayor elaboración tiene mucho más que ver con algo que está programado, establecido, entrenado, con jugadores dispuestos a correr riesgos, con mucho trabajo para que aprendan a convivir con el error y reducirlo... El aporte que ha hecho el Barcelona en ese sentido es cómo un equipo puede llevar la pelota desde su arquero hasta posiciones ofensivas".

El Tata amplía la estrategia de aquel Newell's: "Si no salíamos jugando con uno de los dos centrales, bien abiertos a los costados, lo hacíamos con Bernardi, nuestro 5, que retrocedía para iniciar. Cáceres y Casco subían por las bandas hasta la mitad de la cancha, a la altura de los interiores, que solían ser Pablo Pérez y Cruzado o Figueroa. Si nos tapaban a Bernardi, entonces traíamos a uno de los dos interiores. Y si también asediaban a ese jugador, podíamos saltear esa línea de presión con un pase de Guzmán para el otro interior o más largo buscando a alguno de los dos extremos. Lo bueno es que de esa forma lográbamos superioridad numérica en la mitad de la cancha. Teníamos a los dos zagueros, al volante central y al interior tapados por cuatro rivales más el que presionaba hipotéticamente a nuestro arquero, pero con Guzmán pasábamos esa línea de presión y en ataque

quedábamos seis contra cinco. De un lado, nuestros dos laterales, el otro interior, los dos extremos y el 9. Del lado rival, cinco hombres y el arquero. Es decir, teníamos opciones para atacar mano a mano y dos contra uno eventualmente".

Ese Newell's hacía un culto de la posesión. Porque para imponer su idea necesitaba de la pelota. Y para ello era indispensable la capacidad de sus jugadores tanto para leer correctamente el juego como para ser precisos en la distribución. Ese estilo le valió no solo un título sino pelear otros dos campeonatos locales y también llegar lejos en la Copa Libertadores, donde quedó eliminado en las semifinales ante el Atlético Mineiro de Brasil. Además, el papel desempeñado por Martino hizo que el propio Barcelona se fijara en él para reemplazar a Tito Vilanova, el sucesor de Guardiola en el banquillo culé. Elogiado por propios y extraños, el Tata reconoce la calidad de aquel plantel de Newell's y cuenta cómo manejó el hecho de jugar de una forma diferente. "No nos costó que los jugadores asimilaran la idea. Costó más que lo entendiera el hincha. Cuando recuperábamos la pelota en la mitad de la cancha y dábamos el pase atrás para iniciar el juego como nosotros pretendíamos, se escuchaban algunos murmullos. La gente veía que la pelota retrocedía 25 metros y no le gustaba. Pero eso fue al principio. Luego el hincha entendió que nuestra idea pasaba por asegurar el balón pero sin perder la intención de hacerle daño al rival. Cuando teníamos la pelota, nuestros dos centrales se paraban a defender casi en la mitad de la cancha. A la gente le gustaba nuestra forma de jugar".

Así como Guardiola, para implementar su fútbol, contó con el aporte previo de Frank Rijkaard al frente del Barcelona, Martino considera que su Newell's ya tenía una base de esa idea. "A Newell's ya lo veíamos jugar seis meses antes de agarrar. El Newell's de Torrente elaboraba mucho y lograba menos resultados que los que merecía. Por eso cuando nos tocó estar, teníamos la certeza de que podíamos jugar como queríamos. Fueron tres torneos y en los tres fuimos protago-

nistas. Ganamos uno, pero peleamos los otros dos. Y un aspecto que yo destaco: el equipo siempre fue evolucionando tanto desde el juego como desde el aporte de las individualidades que iban apareciendo. Había un gran compromiso de todos, algo que es fundamental. A los jugadores les gustaba el estilo. Solo nos faltó la frutilla del postre, que era ganar la Copa Libertadores".

Newell's fue el primero en copiar esa forma de salir jugando, pero no el único. De a poco, en el fútbol argentino, algunos equipos con entrenadores jóvenes y más audaces, decidieron tomar el riesgo de iniciar los ataques desde la propia línea defensiva. Pero a veces, copiar algo sin demasiado fundamento puede ser perjudicial. Sobre eso opina Gabriel Milito: "Guardiola dejó muchas enseñanzas y aspectos del juego para imitar, pero la idea de salir jugando del Barcelona también generó algo de confusión. No es salir jugando porque sí. La idea es hacerlo con un fin determinado. ¿Cuál es? Generar espacios y tener un hombre más que el rival en la zona donde se encuentre la pelota. En mi paso por Estudiantes practicábamos mucho las salidas. El jugador por ahí no está acostumbrado, pero con trabajo logra captar la idea. Uno de ellos fue Schunke, por ejemplo, siempre bien predispuesto para practicarlo. Al final terminó teniendo el timming perfecto para saber cuándo soltar la pelota y para la velocidad del pase. Eso es fundamental: el pase siempre tiene que ser en ventaja para el compañero", explica Gaby, quien dirigió a Estudiantes de La Plata en el último semestre del 2015, etapa en la que logró la clasificación a la Copa Sudamericana.

El exdefensor dirigido por Guardiola en el Barcelona, que también dirigió a Independiente, se encontró con la resistencia de varios hinchas de Estudiantes, quienes tienen arraigado en su ADN otro estilo de juego, más directo y menos riesgoso. De hecho, durante un entrenamiento en el country de City Bell, unos hinchas increparon a Milito con un mensaje escueto, pero contundente: "Acá no se sale jugando. Acá,

al pelotazo". Como si tirar la pelota hacia arriba alejara el peligro. Al respecto, el Tata Martino suma: "Lo que hace eso es que el riesgo se reduzca, porque el balón lo dividís en el campo rival. Tirás un pelotazo y vas a la segunda pelota. Pero ahí dejás todo más librado al azar. Es 50 y 50. Si la ganás, todo bien. ¿Pero si la perdés? ¿Cómo te agarra parado la contra del rival? El pelotazo es una garantía ficticia de menor riesgo, puede ser muy breve".

Para Milito, el hecho de salir jugando es parte del famoso juego de posición. Si bien el arquero, los zagueros centrales y el volante central parecen tener una participación protagónica, el resto debe acompañar esa activación de forma pasiva. ¿Cómo? Ubicado de tal manera que ayude al equipo a salir desde el fondo con la búsqueda de encontrar superioridad numérica en las siguientes fases del juego.

En los últimos torneos del fútbol argentino se vieron varios ejemplos de equipos que intentaron un juego asociado a partir de su última línea, como el Lanús de Almirón, Defensa y Justicia con Holan y luego con Beccacece, Rosario Central con Coudet, el River de Gallardo, el Boca de Guillermo y hasta el Argentinos de Heinze, campeón en la B Nacional del torneo 2016/17. "Hay una intención, una sana búsqueda que vale destacar", agrega Martino, quien considera que en el seleccionado, este recurso presenta dificultades, básicamente por una cuestión de falta de trabajo. "No es lo mismo ensayar dos veces por semana, todo un año, con los mismos jugadores, como me pasaba en Newell's, que practicar una vez cada tanto y a dos o tres días de jugar un partido, como me sucedía en la Selección", compara el Tata.

Algo clave para Martino pasa por la convicción. "En ese Newell's, cuerpo técnico y plantel teníamos el deseo de llevar adelante la idea aún en los momentos delicados. Y eso es esencial. Es fundamental romper esa barrera que significa 'voy a jugar igual' incluso en los partidos que impliquen a lo mejor que el día de mañana haya o no un título en la vitrina de tu club. Lo que admiro de entrenadores como Guardiola

es la valentía. Por eso no entiendo a los que llegan a una final jugando con un determinado estilo y se suman a la frase 'hay que ganar como sea'. No, hay que ganar de la forma que te permitió llegar a esa final".

Implementar esa idea en la Argentina no fue ni es fácil por una cuestión de idiosincrasia. Diego Cocca, cuando llegó a Racing a mediados de 2014, buscó llevar a cabo ese recurso de su admirado Guardiola, pero fracasó en el intento. Más allá de que esa campaña terminó con un título, el entrenador cambió su estilo y lo adjudicó a la presión que impone la gente. Varios meses después de ser campeón, en una entrevista publicada en el diario *Olé*, el entrenador se sinceró: "Mientras más difícil es el lugar, más difícil es jugar bien. En el fútbol hay que analizar el contexto: de qué club se trata, la urgencia... A veces es difícil que los equipos se suelten. A la gente no le gusta que se dé un pase más. Si das la vuelta ya están pidiendo que vayas para adelante. Y así chocás. Antes era fundamentalista, pero entendí que hay diversas formas dentro de una idea. No es que cambié lo que venía haciendo en los entrenamientos. Mucha posesión y salida limpia desde el fondo. Pero el domingo decide el jugador. A ellos se les hacía difícil jugar así. Tenían una mochila".

Facundo Sava, quien fuera su sucesor en el cargo, comparte con Cocca la admiración por Guardiola. También, las dificultades para instalar esa idea de juego. En los equipos que dirigió anteriormente, como San Martín de San Juan, Unión de Santa Fe, O'Higgins de Chile y Quilmes, había una intención por avanzar en el campo, desde el arco propio, con la pelota dominada. La apuesta parecía aún más audaz y elogiable por la calidad técnica de los equipos mencionados, inferior a la riqueza individual que suelen poseer los clubes más poderosos de nuestro fútbol. Pero al llegar a Racing, Sava cajoneó el recurso: "No lo ejecutamos porque no tuvimos el tiempo suficiente para entrenarlo. Salir jugando y realizar esa transición requiere de mucho trabajo y mis primeros cuatro meses en el club fueron intensos, con partidos en el medio de la semana por los compromisos de la Copa Libertadores. Llegamos y en la pretemporada nos tuvimos que preparar para el repechaje, que era en menos de un mes. Además, para desplegar ese juego necesitamos un terreno que esté en buenas condiciones. Es es clave. Entonces, en contra de mi idea, muchas veces jugamos al pase largo a los delanteros y a la segunda jugada".

El exentrenador de Racing, que luego tuvo una corta etapa al frente de Tigre, le da relevancia al estado del campo de juego. "Es un tema importante. Cuando estábamos en Unión, la mojábamos. En Quilmes también, pero a veces se inundaban algunos sectores porque el campo no "chupaba" y se hacía imposible jugar. En Racing no lo podía hacer, pero con el piso mojado es otra cosa porque la velocidad del juego no te la da la velocidad del jugador sino la velocidad del pase".

Uno de los entrenadores que, salvando las lógicas distancias, se asemejaron al Barcelona de Guardiola y al Newell's de Martino fue Pablo Guede. En la temporada 2013/14 asumió la dirección técnica del Club Atlético Nueva Chicago, que se encontraba en la Primera B Metro, la tercera división del fútbol argentino. Con campos de juego en su mayoría en mal estado, aquel Chicago, que se consagró campeón de ese torneo, mantuvo la convicción para salir jugando desde su propio arco. "Yo vi y entiendo que es la mejor manera de atacar. Si el arquero juega con los pies significa que tengo 11 hombres disponibles para el ataque. Ahí está el tema. Después pasa por saber transmitirlo", comenta. En aquel equipo, los dos zagueros centrales (Lanaro y Escudero) salían jugando y terminaban defendiendo cerca del círculo central. El 5 (Farías) retrocedía e iniciaba el juego. Él era el encargado de conducir, de dar el famoso primer pase clarificador, el que rompía líneas para Fattori, Barbona o Gomito. Para lo que se había visto en esa categoría era realmente revolucionario, porque rompía con el mito de que en el Ascenso hay que pegarle de punta para arriba y que no se

puede intentar jugar bien. "Lo bueno de aquella etapa es que yo ya venía trabajando con los juveniles del club desde hacía casi un año. Había un proceso previo y varios de esos chicos, luego en Primera, tenían adquirida la idea. A otros hubo que convencerlos, claro. A Scifo, por ejemplo, que venía cuestionado por la gente, le dije en la pretemporada: 'vos tirá todos los centros que quieras, lo que no te voy a permitir es que no los tires'. Y tuvo un torneo espectacular. El secreto pasa por convencer y explicarles por qué elegimos jugar de una determinada forma".

Guede sostiene que para aprovechar la herramienta de la salida desde el fondo, primero hay que romper con ciertas verdades. Por ejemplo, que un equipo tiene que ser corto. "Eso depende en qué fase del juego estés. Para poder salir jugando yo lo quiero largo. ¿Por qué? Porque mis zagueros centrales necesitan espacios. En un equipo, generalmente, los defensores son los que menos calidad técnica tienen. A menor calidad, mayor espacio necesitás para jugar. Si Messi fuera zaguero central, el arquero se la daría sin problemas y él en una baldosa te limpiaría al delantero rival y avanzaría sin ningún inconveniente. Pero ¿cuántos centrales son capaces de hacer eso? Muy pocos. Entonces, cuando salgo jugando, necesito que mis delanteros se posicionen arriba para fijar la marca de la defensa rival. Si ellos se me vienen, también me viene el contrario y se juega en un campo más corto, algo que puede ser perjudicial para mis defensores", detalla.

Luego de su paso exitoso por Nueva Chicago, Guede siguió su carrera en el Palestino de Chile. Allí también le fue bien y mantuvo su postura de jugar por abajo a partir de su arquero. Durante el primer semestre del 2016 trabajó en el Club Atlético San Lorenzo de Almagro. Si bien obtuvo la Supercopa Argentina al golear 4 a 0 a Boca y se quedó con el subcampeonato del torneo local, en donde perdió la final por 4 a 0 ante Lanús, también debió hacerle algunos retoques a su idea original. "Soy de los que creen que este trabajo ayuda al jugador porque lo hace más completo. El defensor no sólo se dedica a defender sino que se compromete con el ataque y el delantero lo mismo pero al revés. En algunos partidos pudimos hacerlo. Por ejemplo, contra Colón en Santa Fe, Angeleri y Caruzzo tocaban la pelota en nuestro campo y el rival no salía a presionar. Hasta en una jugada, Caruzzo pisó la pelota y se quedó esperando a ver si ellos salían... Y no salieron. Angeleri agarró la pelota, avanzó, dio un pase largo y el arquero la sacó al córner. Iban dos minutos de partido, pero es un ejemplo de cómo un defensor puede comprometerse con el juego en lugar de sacarse la pelota de encima. El objetivo es lograr que los defensores se animen porque, ante la duda, hacen la más fácil, que es revolearla. En Brasil, ante el Gremio por la Libertadores, Angeleri y Caruzzo defendían casi en la mitad de la cancha porque el rival no atacaba. Pero para lograr ese convencimiento necesitás de algo que suele faltar en el fútbol argentino, que es tiempo. La realidad es que la gente no tiene mucha paciencia en los procesos largos, si no hay buenos resultados en el medio".

Otro aspecto que influye, según Guede, pasa por los "vicios" de los futbolistas. "Suele ser más fácil imponer una idea en un plantel joven, más abierto seguramente a los cambios. En la Argentina lo más sencillo es jugar a la segunda pelota. Es lo que intenta la mayoría. Es lo que la gente siente como más cómodo, el famoso 'tirala para arriba'. Cuando un arquero sale jugando, la gente murmura. Torrico, por ejemplo, juega muy bien con los pies. Le pega con las dos. Yo lo ponía de comodín en algunos trabajos de espacios reducidos, en los entrenamientos, y no perdía una pelota. Pero en los partidos cuesta... Yo se lo decía a él. Pasa que hay que analizar todo el contexto. Torrico es ídolo en San Lorenzo, tiene para cuatro o cinco años más de carrera. ¿Qué pasa si sale jugando por abajo y la pierde y es gol del rival? ¿Y si eso le ocurre tres o cuatro veces por intentar tocar? Seguramente la gente empezará a mirarlo de reojo. Entonces, va a lo seguro. Eso le sucede a la mayoría de los jugadores. Es algo normal,

pero hay que intentar luchar contra eso. ¿Cómo? Hablando, buscando convencer de que el camino más fácil para llegar al arco rival es tocando y jugando por abajo desde tu arco. Salir desde atrás y pasársela a un compañero en el momento justo está emparentado con la valentía".

Matías Almeyda, quien durante su ciclo en Banfield apostó por un fútbol más ambicioso incluso que el que había intentado en su paso por River, es partidario de este recurso, aunque distingue los matices. "Creo en las distintas variantes para lograr superioridad ante el rival. Si la salida desde el fondo se usa para poder agregar un hombre más en el mediocampo, termina siendo algo efectivo y bienvenida sea. Ahora, si es para hacer lo que hacen muchos equipos, que salen tocando y a la primera de cambio meten un pelotazo, asediados por la presión del rival, entonces es en vano", razona el entrenador argentino que fue campeón con Las Chivas en México.

Alguien que sorprendió por su estilo ofensivo y por incluir dentro de su estrategia la salida desde el fondo fue Ariel Holan, cuando asumió como entrenador de Defensa y Justicia. Más allá de elogiar a Guardiola por implementarlo en el Barcelona, su "copia" de ese recurso proviene de otro deporte: el hockey. Lo destacable, en su caso, fue la coyuntura: Holan agarró un equipo con recursos limitados que se iba derecho al descenso. "Costó ponerlo en práctica pero yo tenía una ventaja. Darío Franco, el entrenador anterior, algo ya había trabajado al respecto. Igual fue difícil porque me encontré con futbolistas que venían golpeados desde lo emocional y desde la confianza. Lo que les dije fue: 'Miren, el 90% de lo que nosotros haremos es ataque posicional y el 10% restante, dividir el balón. Si fuese su técnico hace seis meses o un año tendría mayores exigencias, pero estamos peleando para no descender y recién arrancamos la pretemporada'. También les dije que a medida que agarraran mayor seguridad, iban a poder desarrollar este aspecto del juego con mayor soltura. El secreto, para mí, pasa por brindarles herramientas para que lo puedan llevar a la práctica. Dentro de esa transición de jugar de una forma a hacerlo de otra, hay que tener una cierta flexibilidad. En mi obsesión por buscar la perfección, entiendo que el error es parte inexorable del crecimiento".

De a poco, Defensa y Justicia se fue convirtiendo en una de las sensaciones del campeonato de Primera 2016. Sin nombres propios rutilantes, ejecutaba un juego vistoso, ofensivo, dentro de un 4-3-3 flexible que buscaba siempre ser protagonista del juego a partir de la salida del balón desde su zona defensiva. "A mí, si me dan a elegir, me gustaría que el rival nos viniera a presionar más arriba. En la presión, uno puede lograr superioridad numérica más adelante. La clave es encontrar a ese jugador libre que nos queda. Hay que mejorar en la eficacia de esa búsqueda y en la precisión del pase largo, que es más riesgoso que el pase corto. Vos tenés una estrategia, el rival propone otra, entonces yo tengo que buscar las alternativas para atacar y no ser vulnerable. Ojalá pudiera tener un tiempo suficiente a los mismos jugadores. Seguramente lo haríamos aún mejor", dice convencido Holan.

Durante el primer semestre de 2016 se vio a un Defensa y Justicia prolijo en el traslado del balón por abajo, que nacía desde su arquero. En este video se puede observar mejor:

Del 'palo' del hockey, donde fue entrenador de varias categorías del club Lomas, cuenta que ese método ya estaba desarrollado en dicho deporte. "Cuando dirigía ahí, yo ya utilizaba lo de las salidas. Pero en mi opinión existe una gran diferencia entre ambos deportes y tiene que ver con las can-

chas. En el hockey, todas se encuentran en el mismo estado. No es que vas a jugar contra Alemania allá y te la riegan o no. En el fútbol vas a jugar contra un equipo y te riega la cancha. Enfrentás a otro y te la deja en mal estado a propósito, para que no puedan jugar los que intentan hacerlo por abajo... Así, con ese ventajismo propio del argentino, se hace más difícil. Hay una gran diferencia de valores éticos y morales entre el hockey y el fútbol. La AFA debería obligar a todos los clubes a tener los campos de juego de la misma manera. Obviamente que si el césped estuviera corto y regado, sería otro juego, más rápido, más dinámico. Por ejemplo, a la recepción de la pelota se le podría ganar un segundo. Si yo soy Messi, por la postura con que recibo la pelota y por la velocidad del pase, ya te gambeteo en la recepción".

Holan, que dice haber aprendido e incorporado conceptos de la Holanda del 74, de Argentina del 78, de Menotti, Cappa, Basile y Guardiola, integró distintos cuerpos técnicos de fútbol durante 12 años (fue ayudante de campo de Almeyda) antes de asumir en Defensa y Justicia. Fiel y convencido de una idea, sentencia: "Yo no intento que mi equipo salga jugando porque sea algo que está de moda. Lo hago porque a mí me gusta tener la pelota, no rifarla. Y la verdad es que esa forma de jugar nos dio resultado".

Ese cambio que empieza a notarse en el fútbol argentino, el de una filosofía más conceptual que incluye la elaboración del juego por abajo en una zona donde solía partir un pelotazo, también modificó la mirada de los analistas del juego, tanto periodistas como hinchas. Y generó un debate sobre la conveniencia y los riesgos de dicha herramienta. Diego Latorre, exjugador devenido en comentarista y con el curso de entrenador ya realizado, aplaude por esa audacia y establece las diferencias en los distintos juicios de valor. "Me parece que se considera un riesgo salir jugando únicamente cuando se ve un error. Es como que en algunos, esa equivocación que termina en gol del rival provoca cierta rabia o rencor. En cambio, no se critica tanto cuando a un equipo que, supuestamente es sólido, le hacen un gol de cabeza. ¿Cómo se puede medir el riesgo cuando un equipo desprecia la pelota y está todo el tiempo defendiendo, apostando a dos o tres jugadas de contra o a una pelota parada? ¿Cómo se mide ese riesgo? No lo sé. Se dice que los jugadores más limitados técnicamente no pueden asumir ciertos riesgos como salir jugando, pero, en definitiva, lo que se les pide es tener la intención de colocarse posicionalmente, de darle un pase a un compañero... No que haga malabarismo. Esa intención, que Guardiola supo explotar casi a la perfección en el Barcelona, lo que hace es enriquecer a la especie del futbolista. El 2 ya no es sólo un 2, el 9 ya no es más sólo un 9. Hubo un crecimiento. Por eso noto que hay una valoración diferenciada de las cosas. Si le hacen un gol a un equipo que intentó salir jugando, es algo grave. Si le hacen un gol de pelota parada a un equipo que se cuida, nadie dice nada. La realidad es que Defensa y Justicia, Godoy Cruz y Lanús, por citar tres clubes con buenas intenciones en estos últimos campeonatos argentinos, seguramente habrían logrado la mitad de los puntos con otro entrenador más defensivo. Pero eso tampoco se analiza demasiado".

Otro equipo que en los últimos torneos buscó también la salida desde el fondo como una forma de dominar al rival fue el Club Atlético Rosario Central, cuando lo dirigió Eduardo Coudet. El Chacho contó para ello con Javier Pinola, quien además de brindarle seguridad defensiva se convirtió en el conductor del inicio del juego, pasando muchas veces con la pelota dominada a la zona del mediocampo e incluso descargando para ir en búsqueda del área rival. Así, muchas veces, Central rompió líneas y provocó superioridad. Salvando las distancias, como solía hacer Gerard Piqué en aquel Barcelona.

Pero el que más sobresalió por ese juego desde el Newell's de Martino a la actualidad fue el Club Atlético Lanús, bajo el mando de Jorge Almirón. El equipo hizo un culto de la salida limpia desde el fondo. Con Marcone, su volante central,

como pieza clave para retroceder, para buscar la pelota y dar el primer pase. Casualmente, Almirón aprendió ese método en México, cuando fue dirigido por Ricardo La Volpe en el Atlas, allá por 1997. Sentado en un bar de Puerto Madero, el entrenador multicampeón con el Granate recuerda aquella época: "Practicamos mucho tiempo el inicio del juego. Con Ricardo era lo que más entrenábamos. Es repetir, repetir, repetir... Además, también ensayábamos opciones de acuerdo con la estrategia del rival. Lleva su adaptación pero lo que marca luego la diferencia en la cancha es el convencimiento que puede lograr el entrenador y la capacidad de los jugadores para poder desarrollarla".

Para Almirón, instalar esa idea en la Argentina llevará tiempo y necesitará de un cambio cultural. "El problema en nuestro país es que el hincha tiene poca tolerancia al error. Es muy pasional. Al notar cierto riesgo en la salida, aparecen los murmullos. Es entendible porque todos nos criamos así. Ves un partido en un picado y los chicos la revientan. Aprendimos a jugar de esa forma. En México se arriesga más porque no hay tanta impaciencia en la tribuna", explica el entrenador, quien observa otro aspecto negativo: "Esta forma de jugar obliga al defensor a comprometerse con la creación. El defensor, aparte de marcar al rival, ahora tiene que pensar qué hace cuando recupera la pelota. Tiene que tocar y ser opción para volver a jugar nuevamente. Eso demanda otra preparación desde lo físico y desde lo psicológico. Es otro desgaste".

Muchos de los goles convertidos por el Lanús de Almirón nacieron de su propia última línea. "Eso se trabaja en la semana. Lo que valoro, más allá de los títulos logrados, es la actitud de los jugadores para llevar a cabo en los partidos lo que ensayábamos durante la semana. Lo hacían convencidos y se notaba que disfrutaban jugando. Eso te genera a nivel personal una satisfacción enorme. Al jugador le convence aquello que le hace ganar".

Dentro de ese trabajo, no hay detalle que quede para la improvisación. "Los marcadores centrales, por ejemplo, deben estar siempre bien perfilados para ganar un tiempo ante la presión del rival. El que envía la pelota es clave porque el pase debe ser orientado. Por ejemplo: el arquero tiene que saber cuál es el perfil de sus compañeros para pasarles la pelota a la pierna más hábil. Eso también se trabaja", cuenta Almirón, quien da su preferencia a la hora de elegir sobre la táctica del rival: "Cuando el rival te espera en su campo, que es algo muy común, es más complejo el ataque. Yo prefiero que salgan, que vengan a presionar porque lo difícil es generar cuando el rival te arma un embudo".

CAPÍTULO 12

EL JUEGO DE POSICIÓN Y LA POSESIÓN

"Cruyff creía que aquello que equilibra el juego es la pelota. Pierde muchas y serás un equipo desequilibrado. Pierde pocas y serás todo equilibrio".

Pep Guardiola

Con la irrupción del memorable Barcelona de Guardiola, aparecieron diferentes conceptos en el mundo del fútbol que le eran propios al conjunto catalán y que otros intentaron copiar. Uno de ellos hace mención al famoso "juego de posición". ¿De qué se trata específicamente? Martí Perarnau, autor de *Herr Pep*, lo explica con detalles de esta forma:

"El juego de posición tiene algunas características principales que nos sirven para entender la idea. A saber:

- Los jugadores están dispuestos a diferentes alturas dentro del campo de juego para facilitar la creación de líneas de pase.
- Es fundamental dar amplitud para que aparezcan pasillos interiores.
- El concepto de "hombre libre" es fundamental.
- No se juega a pasar la pelota por pasar, sino que los jugadores dominan el concepto de cuándo conducir y cuándo pasar.
- La conducción permite atraer rivales provocando así, la aparición de 'hombres libres'.

- La idea madre de todo es ir generando superioridades a la espalda de la línea que viene a apretar al poseedor del balón.
- Formación de continuos triángulos de pase, que permiten ir jugando con el 'tercer hombre'.
- Es fundamental que las superioridades se vayan construyendo desde atrás, desde la primera línea. Por eso, un principio fundamental de su idea de juego es que el balón salga limpio desde los defensas.
- Como defensa y ataque son ideas que van juntas y no separadas, la idea ofensiva es la que condiciona el resto del juego.
- La posesión de balón es un fenómeno construido porque es una posesión que pretende desestabilizar al contrario, eliminar rivales y condicionar su balance defensivo, obligándolo a jugar a merced de ello y no como el rival desea.
- El juego de posición permite que, en el equipo, los jugadores, las posiciones y el balón viajen juntos.
- La consecuencia de esto es que el equipo, cuando pierde el balón, se encuentre junto, pueda presionar tras perderlo y sea muy difícil hacerle una contra. En definitiva, el ataque condiciona la forma de defender y, por ende, condiciona el juego del contrario".

Otro que intenta explicar el famoso juego de posición y establece diferencias con otros estilos es el español Oscar Cano, entrenador de fútbol y autor de varios libros sobre Pep. "Es un estilo que trata de someter a los rivales a través de la sucesión de pases, desproporcionar sus distancias de relación en defensa partiendo de una premisa: empezar distantes para acabar reunidos en torno a la pelota y tomando ventaja espacio-temporal en todo el proceso atacante. Es un tipo de juego basado en el pase inteligente, es decir aquel que hace que los sucesivos receptores tengan circunstancias ventajosas para seguir jugando. A diferencia del pragmatismo inglés —juego más condescendiente con la parte física—

o el catenaccio italiano —que busca mantener el cero antes que anotar más goles que el rival—, el juego de posición busca la premisa de crear un juego asociado, generando superioridades en distintas partes del campo y defendiendo el cero en base a la posesión del balón".

En la Argentina, ante la aparición del concepto de la tenencia del balón, comenzaron a surgir distintos equipos preocupados por mantener la posesión de la pelota y con sus jugadores posicionados en el campo a diferentes alturas, que hiciera más difícil la marca para el equipo rival. Previo al Barcelona de Guardiola, en nuestro país ya se había visto esa estrategia de la mano de César Luis Menotti. El entrenador campeón del Mundial 78 lo había practicado con aquel famoso Huracán campeón del 73, quizás uno de los mejores equipos de la historia del fútbol argentino. También lo intentó en clubes donde no alcanzó a dar la vuelta olímpica, pero en los que dejó su sello, como en aquel Independiente 96/97 que peleó el campeonato hasta las últimas fechas. Ángel Matute Morales, integrante de aquel equipo, explica: "Antes de la aparición del Barcelona, lo más parecido, en cuanto a la tenencia en nuestro país en los últimos tiempos, había sido aquel conjunto del Flaco, que tenía más jugadores técnicos que de marca y que apostaba a tener la pelota. Él nos pedía que hiciéramos circular el balón con el objetivo de encontrar los espacios para atacar. Obviamente que en lo táctico no éramos como el Barcelona, que revolucionó el fútbol, pero a la hora de tener la pelota triangulábamos, buscábamos el toque por abajo, la pared y el pase profundo para que los delanteros lograran convertir".

El exmediocampista ofensivo también integró otro equipo con características similares: "El Racing de Cappa, en el que también jugué, tenía esa costumbre del medio hacia adelante. El objetivo era desequilibrar con la pelota, pero ese Racing era más vertical que aquel Independiente, que tenía una mayor elaboración".

Para algunos entrenadores, como Mauricio Pellegrino, el famoso juego de posición y la tenencia del balón como prioridad, tomando como ejemplo lo que fue ese Barcelona, es difícil de llevar a cabo en la Argentina por una cuestión cultural. "En nuestro fútbol está muy arraigado el 'vayan para adelante'. Deberíamos reaprender ciertos conceptos. A nivel ofensivo, la circulación de la pelota y el posicionamiento de los jugadores como lo hacía el Barcelona atenta contra la paciencia del hincha argentino. Es como que para implementar algo así primero habría que convencer a la gente. En España lo lograron ya que el Barcelona convenció a todos de que ese estilo era bueno".

Pablo Guede se define como un amante del juego de posición pero, además del contexto adverso determinado por los hinchas, responsabiliza a los jugadores la dificultad de su implementación en las canchas argentinas. "Como se lo escuché decir a Guardiola alguna vez, ese sistema requiere de un alto grado de humildad de parte de los futbolistas. En la Argentina es más complicado ponerlo en práctica por la forma de ser del jugador argentino. Todos quieren ser protagonistas y por eso abandonan la posición al poco tiempo para ir a buscar la pelota. Por eso se requiere de mucha didáctica, de educación deportiva. Hay que demostrar y demostrar y demostrar para que el jugador se convenza de que su posicionamiento, resignando algo de participación, es beneficioso para lo colectivo".

Más allá de las complicaciones que surgen, ya sea por la impaciencia de la gente o por la carencia táctica de los jugadores, son varios los equipos que han apostado al buen trato de la pelota con el objetivo de generar esas superioridades en el campo de las que habla Guardiola. Guede lo hizo en su experiencia en Nueva Chicago en la B Metropolitana, y también en varios partidos en San Lorenzo; Jorge Almirón lo desarrolló eficazmente en Lanús; Gabriel Milito lo puso en práctica en Estudiantes y en Independiente; Martino lo implementó con éxito unos años antes en Newell's; Holan lo hizo en Defensa y Justicia y en Independiente; Arruabarrena lo intentó en Boca lo mismo que Gallardo en River, Beccacece también en Defensa...

Guede, justamente, destaca que la principal diferencia entre los equipos pasa por lo que hacen cuando tienen la pelota. "Cuando no la tienen, todos los equipos presionan si pueden y si no, se repliegan. Lo hace el Bayern, el Barcelona, el Atlético de Madrid... Todos. El tema es cuando yo tengo el balón. El Atleti de Simeone, por ejemplo, hace pim y pum. El Bayern de Guardiola, en cambio, hace pim, pim, pim, pim... Ahí está la diferencia. Por ejemplo, Pep trabaja mucho el concepto de lado débil y lado fuerte. Muchas veces se ve cómo sus equipos cargan mucho por un lado, posicionando jugadores y llevando la pelota sobre un costado, para luego desequilibrar por el otro. El objetivo es atraer y acumular, hacer que el equipo rival bascule, para aprovechar el lado opuesto", explica. Sentado en su oficina, muestra en su computadora un video en el que se demuestra esa práctica. En la imagen, se ve a casi todo el Bayern de Guardiola volcado sobre el costado derecho con el rival corrido hacia ese sector y de pronto surge el pase atrás para Boateng, quien envía un pase largo y cruzado hacia la otra banda, a los pies de Douglas Costa. El delantero brasileño encara mano a mano al marcador lateral, lo gambetea y envía el centro que es cabeceado al gol por Müller. "Ese es el mejor ejemplo", remarca Guede.

Para el exentrenador de San Lorenzo es clave la búsqueda del hombre libre. "Es fundamental encontrar a ese compañero que no está marcado. Pero eso requiere movilidad y todo un funcionamiento colectivo que permita lograrlo. Hay que modificar algunos conceptos que ya no van más. Antes se decía siempre 'toco y me voy', pero a veces es necesario tocar y quedarte para mostrarse nuevamente como receptor. O se decía 'control y pase' y en ocasiones tenés que controlarla y conducir".

En su ciclo en San Lorenzo, hubo un gol convertido por Nicolás Blandi ante Independiente, en el que hay sucesivos toques en la jugada previa y en la que queda en claro la formación de constantes triángulos que anulan la presión del rival. En la acción que es posible observar a continuación (a través del código QR), se nota cómo cada jugador de San Lorenzo, que recibe la pelota, tiene a dos compañeros formando un triángulo como opciones de pase y generando la tan anhelada 'superioridad numérica' y el famoso concepto de 'tercer hombre'.

Una forma de entrenar esa estrategia es a través de los rondos, que en la Argentina se conocen como 'loco'. Los rondos, que Guardiola implementó desde su primer día en el Barcelona, es aquel trabajo en el que varios jugadores se colocan en ronda formando un círculo, y dentro de ese círculo quedan encerrados dos o tres compañeros que deben recuperar el balón. El objetivo es que los jugadores externos se pasen la pelota, a uno o dos toques, buscando precisión y velocidad, y evitar el quite de los que están adentro. La intención de ese ejercicio es trabajar la precisión en espacios reducidos, ejercitar cómo contrarrestar la presión rival y encontrar a ese 'hombre libre' que no es marcado por los que se encuentran dentro del círculo. Como un partido pero llevado a pocos metros cuadrados. Para Pep, esos rondos son claves y hoy en España y en la mayoría de los países de Europa se practican con distintas variantes, por ejemplo: más jugadores marcando, en menor o mayor espacio, etc.

En la Argentina, el famoso 'loco' que suelen hacer los futbolistas en los entrenamientos no solía tener un componente

'táctico' sino que era meramente algo lúdico. A veces, hasta es utilizado para entrar en calor. Pero con los años fue cambiando esa mentalidad y hoy, cada vez más entrenadores lo utilizan como parte en sí del entrenamiento.

Gabriel Milito considera que el 4-3-3 es el sistema más adecuado para el juego de posición, más allá de que en su experiencia en Estudiantes y en Independiente haya utilizado otros dibujos tácticos. El que también coincide es Diego Latorre. Desde su rol de analista opina: "Por el posicionamiento de los jugadores en la cancha, en un 4-3-3, el sistema genera la posibilidad de armar triangulaciones. Un vértice, que es el que tiene la pelota, y dos puntas, que son los jugadores listos para recibir. El Barcelona lo llevó a cabo a la perfección y los famosos rondos tenían ese objetivo, ejercitar esa estrategia. No era inspiración. Podía estar el agregado de cada futbolista pero había una plataforma que era el juego. Siempre la clave es el juego".

El primero que en nuestro país intentó llevar a cabo el modelo de Guardiola fue Sergio Batista, cuando se hizo cargo de la Selección Argentina, en el 2011. El Checho buscó usufructuar de la mejor manera a Messi, armó un 4-3-3 con las presencias de dos conocedores del juego posicional de Pep: Gabriel Milito en la zaga central y Javier Mascherano en el mediocampo. Pero no logró su objetivo. Matías Manna, en su rol de analista de aquel equipo y del Barcelona, había comparado en su momento: "Batista quería ganar y no encontraba mejor manera que intentar copiar al Barcelona. El mayor problema de Argentina tenía que ver con que no es problema de nombres, sino de movimientos. El esquema o el sistema de posición que el Barcelona lleva como bandera, necesita que los jugadores sean muy colectivos. Que a lo mejor tengan que acostumbrarse a no tocar la pelota por mucho tiempo, pero para beneficiar a otro. Ese es el punto flojo del fútbol argentino, que siempre nos destacamos por individualidades. Pedro, en la final de la Champions League del 2011 contra el Manchester United, hizo un gol, pero no

tocó la pelota muchas veces. Él estaba muy abierto como extremo y con sus movimientos hacía que dos rivales ingleses, lo siguieran constantemente en la marca. Eso provocaba que Messi, Iniesta o Villa estén libres. Ese es un movimiento que requiere no tener un ego grande porque uno lo hace sabiendo que no va a tocar la pelota pero sí beneficiar a un compañero. El principal problema de la Selección Argentina o del que quiera imitar al Barcelona es que no tiene los movimientos del equipo español".

Alguien que tuvo éxito en la Argentina en la puesta en escena del juego de posición fue Gerardo Martino en Newell's. Él también, más allá de algunos cambios eventuales, apostó por un 4-3-3 y hasta colocó por afuera a extremos que no eran delanteros naturales. El toque fue la bandera de aquel equipo que salió campeón en el Torneo Final 2013 y las estadísticas lo comprueban: fue el conjunto que mayor porcentaje de posesión del balón obtuvo. Claro que para jugar de esa determinada forma, el Tata asegura que fueron claves las características de sus jugadores, más allá de la idea. "Te pongo un ejemplo. Si yo fuera entrenador del Manchester City, la posesión sería indispensable. Si fuera el técnico del Atlético de Madrid, me daría lo mismo si tengo o no la tenencia del balón. Cuando yo dirigía a la selección de Paraguay, la posesión me interesaba poco porque, en realidad, tenerla desnudaba nuestras falencias. Entonces, era preferible que la tuviera el rival para ir yo a presionarlo antes que tenerla yo y no saber cómo hacerle daño al contrario. Por eso, la tenencia siempre depende de las características de tus jugadores. Algunos la necesitan imperiosamente y a otros les da lo mismo o prefieren que la tenga el rival".

Para Martino, ese 4-3-3 que adoptó en Newell's genera circuitos de juego y garantiza la elaboración si los volantes internos tienen características creativas como en otro esquema podría ser la presencia de un clásico enganche. "En el 4-3-3 no tenés un Alonso o un Bochini, por ejemplo. Pero a lo mejor los dos que juegan arriba por afuera y los dos de adentro en el medio tienen características de un volante de armado. Quizá no tenés en ese esquema la opción de un 10 puro, pero los que ocupan esos puestos mencionados son jugadores que saben jugar con la pelota. Lo mismo en un 4-2-3-1. Si en una Selección Argentina B, por ejemplo, jugaras con ese esquema y los tres que juegan atrás del 9 son Correa, Lanzini y Lo Celso, tranquilamente podés decir que tenés tres 10. A lo mejor, claro, no como aquellos 10 clásicos del fútbol argentino, pero son tres jugadores ofensivos que saben jugar".

En esa búsqueda por hacer circular el balón correctamente, que incluye la aparición de la triangulación, hay un aspecto que no debe minimizarse para el éxito de la propuesta: la calidad del pase y la recepción del mismo. Y Ariel Holan lo explica: "La toma de posiciones en el campo está directamente relacionada con la calidad del pase y la recepción. Si tomo buenas posiciones es muy factible que la pelota pueda circular de manera más eficaz. Si no tomo buenas posiciones, tengo dos problemas: por un lado, encontrar a un compañero de una manera simple y por el otro, la ejecución técnica. Hay que entrenar la técnica con concepto. Esa precisión la vas encontrando en el juego a medida que uno va convenciendo al jugador de pasar la pelota lisa, sin efecto, para que la recepción del compañero sea más sencilla. Y la postura de recepción del balón tiene que ser acorde a la segunda jugada. El concepto que intentamos inculcarles a los jugadores es que traten de saber qué van a hacer con la pelota antes de recibirla. Es difícil de desarrollar en el corto plazo, pero con trabajo se logra mejorar en ese aspecto".

Para Holan es necesario que el futbolista tenga una buena lectura del juego. Eso le permite posicionarse en una ubicación adecuada para sacar ventaja pero también debe agregarle un correcto panorama de la cancha. "Es importante que el receptor tenga idea de cómo están parados sus compañeros, tratar de pegar un vistazo para saber dónde están y cómo están. Eso lleva su tiempo de aprendizaje y de trabajo.

Es un proceso y en el medio, claro, se encuentran los resultados. Uno debe tener una convicción fuerte para llevarlo a cabo, más allá de algún traspié. Porque atenuantes para no hacerlo hay miles. El tema es que la falta de resultados, no se transforme en una excusa para no intentarlo".

En Defensa y Justicia, Holan utilizó también el 4-3-3 y en Independiente apostó más a un 4-2-3-1. Pero más allá de la disposición táctica, el entrenador prioriza la idea. "Hay que separar el sistema de juego de la alineación. Si yo confío en el repliegue y contragolpe, entonces voy a defender en campo propio para jugar de contra. Si voy a atacar, sé que voy a tener la pelota, pero voy a cederle campo al rival. Por ejemplo, para contragolpear puede haber un repliegue corto o largo y el objetivo es salir rápido y vertical. Pero ese sistema está enfrentado al otro, que es el que privilegia la posesión del balón, que le da seguridad al entrenador de entrar al campo rival con pelota dominada, de tratar de buscar superioridad numérica, de intentar el pase entre líneas como arma para desarticular la defensa rival. Esos son los dos grandes sistemas de la historia del fútbol. La alineación para uno y otro sistema es algo independiente. Puedo jugar con extremos replegados, con carrileros replegados, con una línea defensiva de cuatro o de cinco integrantes... La alineación es flexible y es indistinta al sistema empleado. Yo no negocio el sistema de juego, pero sí puedo negociar la alineación. Lo importante acá es la idea, no el dibujo. Una vez que elijo cómo jugar, luego defino la alineación más acorde de acuerdo con las características de los jugadores".

En cuanto a la posesión y al posicionamiento, Holan menciona el orden y el desorden como partes indispensables. "El desorden es muy jodido para el que defiende. Pero si vos tenés disciplina táctica, el pase y recepción es un arma letal en favor tuyo. Existe un orden preestablecido, pero desordenarse para superar al rival es necesario. Por ejemplo, el 4 va y se mete de 8, el 8 se abre y va de 7, el 7 que estaba abierto

se cierra... Eso es disciplina táctica y mucho laburo para llevarlo a cabo con éxito".

Cuando estuvo en Racing, Facundo Sava reconoce que, en los primeros meses al frente del equipo, intentó buscar la posesión, pero no desde la salida sino a través de la segunda jugada. Más allá del cambio, considera al balón como indispensable para establecer superioridades. "En las Inferiores te decían que si subía el cuatro, el tres se tenía que quedar, pero el fútbol ha cambiado", compara. Su Racing mostró, en varias ocasiones, que los dos marcadores de punta pueden estar posicionados en la fase ofensiva. De hecho, hay un ejemplo: en un partido contra Boca disputado por el torneo local, el 1-0 convertido por Roger Martínez llegó luego de un centro enviado desde la derecha por Iván Pillud, el lateral derecho. La pelota aterrizó por el segundo palo y el que la bajó al medio fue Leandro Grimi, el lateral izquierdo. Es decir, la acción contó con la participación activa de los dos laterales del equipo.

En algunos partidos, ese Racing apeló al juego de posición y a la tenencia como herramienta para desnivelar. En la goleada por 4 a 1 frente al Bolívar de La Paz, por la primera ronda de la Copa Libertadores 2016, el tercer gol es el mejor ejemplo de ese concepto. La jugada, que finalizó con el gol de Rodrigo De Paul, contó con 44 toques previos en el que intervinieron todos los jugadores, incluido el arquero Sebastián Saja. La acción de tocar y tocar buscando el espacio, tuvo su desenlace cuando Oscar Romero rompió líneas con un pase largo, preciso, para el pique de Lisandro López, quien luego asistió a De Paul. Acá, el video de aquella jugada:

En la Argentina, de a poco, el 4-3-3 está comenzando a ganar nuevamente terreno para despojar del reinado, en cuanto a esquema táctico, al 4-4-2. Son varios los entrenadores que apelan a ese dibujo y Guardiola, en su época de futbolista, llegó a compartir la mitad de la cancha en varios equipos, como en el Brescia con Yllana y en la selección española de Clemente con Valerón. Aunque con este último, no formaban ese doble cinco que se suele ubicar de manera paralela, uno al lado del otro, en el que ambos poseen características defensivas. Ese planteo solía realizar Ricardo Zielinski en su prolongado ciclo al frente del Club Atlético Belgrano. Sobre aquella dupla, Pep comentaba: "Yo creo que cuando un equipo se para con dos mediocentros, es porque los ponen para defender. Pero ahora bien, si uno de los dos tiene claro que se debe desenganchar para sumarse al ataque, entonces está bien. En la selección de España lo hacíamos muy bien con Juan Carlos Valerón. Cuando defendíamos, él se ponía a mi lado. Pero cuando teníamos el balón, se adelantaba y se juntaba con Raúl, no conmigo".

En San Lorenzo, en el torneo que duró el primer semestre de 2016, hubo una fuerte polémica con respecto a la alineación. En el ciclo anterior, Edgardo Bauza inmortalizó la dupla de mediocampistas centrales formada por Juan Ignacio Mercier y Néstor Ortigoza. Al llegar Guede, desarmó ese dúo para jugar con otro dibujo táctico. En el último tramo de ese campeonato, Mercier, quien había sido desplazado, volvió a ocupar un puesto entre los titulares. Pero el entrenador expresó: "Decían que San Lorenzo jugaba conmigo con doble cinco, pero Ortigoza no cumplía esa función. Venía para acá, iba para allá... Me gustaría que contaran cuántas veces tocaba la pelota en el centro del campo y cuántas en tres cuartos, que era donde más daño hacía. Si yo hubiese jugado verdaderamente con un doble cinco, él habría sido el encargado de bajar a buscar la pelota. No lo hizo porque yo pretendía que recibiera más adelante, donde con su panorama mejor le rendía al equipo".

En los últimos años, casualmente tras la aparición del Barcelona, en el fútbol argentino comenzó a revertirse en forma lenta y gradual la tendencia del 4-4-2, donde los exponentes más fieles habían sido, con mayor o menor suceso, el Belgrano de Zielinski, el San Lorenzo de Bauza, el Racing de Cocca y el Independiente de Pellegrino. De a poco, apareció el 4-3-3 con el Newell's de Martino, el Estudiantes de Milito, la primera etapa del San Lorenzo de Guede, el Defensa y Justicia de Holan, el Boca primero de Arruabarrena y luego de Guillermo Barros Schelotto, el Lanús de Almirón. También hubo otras variables tácticas, como el 4-3-1-2 ó 4-2-2-2 del River de Gallardo o el 4-2-1-3 del Banfield de Almeyda. Más allá de los diferentes dibujos, el panorama es claro: el fútbol argentino se dirige a un regreso a las fuentes.

Paso 1

Ingresar a Google Play o Apple Store y descargar la App lectora de QR.

Paso 2

Instalar y abrir la App en tu dispositivo móvil.

Paso 3

Escanear el código QR para poder acceder al contenido exclusivo.

CAPÍTULO 13

LOS EXTREMOS Y EL FALSO 9

"Si en tu equipo pones extremos, puedes atacar más arriba. Para ser más anchos pero sobre todo para ser más profundos".
Pep Guardiola

Aquella máxima que reza que "los equipos se arman de atrás hacia adelante" no encuentra mucho eco en Guardiola. Para el entrenador catalán, el origen del juego, la esencia del fútbol, está en los extremos. Sí, en los viejos wines. A lo largo de su experiencia como entrenador, sus equipos han mostrado características muy marcadas. Una de ellas es la utilización sistemática de los extremos. Los utilizó en el Barcelona, también en el Bayern Munich y en el Manchester City. Algunos son especialistas de la banda, como Pedro, Robben, Ribery, Douglas Costa, Coma, Sterling y Sané. Otros adaptados a ese lugar, como Henry, Villa y Nolito. Pep los considera fundamentales por dos conceptos que utiliza a menudo: la amplitud y la profundidad. "Jugando con extremos renuncias al contragolpe y aceptas que el equipo rival te los pueda hacer. Pero yo lo asumo. Esa es mi forma de jugar", afirma. Para él, ser anchos es clave, pero en las zonas más ofensivas del campo. "A mí no me interesa ser un equipo ancho a la altura de los mediocampistas sino allá arriba, para que podamos llegar a enfrentar al lateral mano a mano.

Y para eso tiene que circular el balón de un lado a otro hasta encontrar la jugada", sostiene.

Para fundamentar aún más su opinión al respecto, agrega: "Hoy en día no hay muchos extremos. No hay un Garrincha, a quien yo no vi jugar pero tengo entendido que era un fenómeno. No hay desbordes. ¿Por qué? Porque muchos usan carrileros. Hace unos años, tú ibas al Barcelona, a las Inferiores, y veías que buscaban a esos extremos pequeñitos, rápidos y potentes que se iban en el uno contra uno y eso me gusta mucho ver. Porque con eso no sé si ganaremos o perderemos, pero tendremos con seguridad ese toque de distinción que nos va a identificar, que nos va a hacer sentir orgullosos".

En la Argentina siempre existieron los wines, capaces de desbordar por los costados y mandar el centro para el nueve goleador. O para hacer la diagonal y definir ellos mismos en el área rival. Solían ser los jugadores más habilidosos del equipo, los que a base de gambeta lograban originar los espacios necesarios para llegar al gol. Félix Loustau, Raúl Bernao, Oreste Corbatta, René Houseman, Daniel Bertoni son algunos de los más reconocidos en la historia del fútbol argentino hasta fines de los años 70. Ya en la década del 80 aparecieron los Alfredo Graciani, Jorge Comas, Osvaldo Pichi Escudero, Walter Fernández, Alejandro Barberón y quizás el último wing destacado que hubo en aquel entonces y que luego se aggiornaría como una segunda punta para moverse por todo el frente de ataque: Claudio Paul Caniggia.

Sin embargo, a mediados de esa década, debido al auge que significó el éxito obtenido por la Selección Argentina en el Mundial 86 sin la presencia de delanteros por afuera, el mensaje que bajó Carlos Bilardo con respecto al fin de los wines hizo que el puesto comenzara lentamente a desaparecer. Los 4-3-3 de aquella época fueron mutando lentamente a un 4-3-1-2, con dos delanteros, generalmente uno por adentro y otro por afuera, pero sin aquellos clásicos atacantes pegados a la raya capaces de desequilibrar ante el marcador de punta del rival de turno. Por ese motivo fue que parecieron grandes excepciones a esa regla los futbolistas que surgieron ya en los 90 y solían jugar bien por afuera, como Guillermo Barros Schelotto, Claudio García, Marcelo Delgado, Claudio López, Sebastián Rambert y Francisco Guerrero, por citar algunos ejemplos. Ya a principios de este siglo, el famoso enganche le siguió los pasos al viejo wing y también quedó en vías de extinción. El 4-3-1-2 pasaba ahora a un 4-4-2 donde los que cumplían la función de abrir la cancha eran los famosos volantes-carrileros, palabra de moda de esa época. Por suerte, la resurrección de los wines, bajo el nombre de extremos, resurgiría con bastante fuerza en Europa. Primero, en forma aislada con el fantástico Ajax de Louis Van Gaal, rescatando aquel 4-3-3 de antaño, y luego, ya de manera más masiva, con el Barcelona de Guardiola.

En la Argentina, puntualmente, alguien que volvió a utilizar wines antes de la época dorada del Barcelona había sido Marcelo Bielsa. Él lo justificaba de la siguiente forma: "Elijo ocupar los costados porque allí surgen la mayor cantidad de situaciones de peligro. Lo contrario significa centralizar el juego. Cualquier estudio que se realice sobre cómo se convierten los goles en cualquier torneo, revela que el 50% tiene su origen en el juego por los costados. Si uno quiere un equipo protagonista, debe poner mínimamente dos jugadores por cada sector. El objetivo fundamental de que la pelota vaya por las puntas es que haya desborde o centro intencionado, lo cual es complicadísimo para el rival. Y el segundo es cuando no hay desborde, pero la pelota puede llegar al área hacia alguien que marca la jugada".

En la Selección Argentina, que ganó de punta a punta las Eliminatorias y luego quedó eliminada en la primera ronda del Mundial de Corea-Japón 2002, Bielsa siempre apeló a los extremos. Por lo general, utilizaba dos jugadores a los costados con características diferentes. Por la derecha solía ubicar a Ariel Ortega, que era desequilibrante en el mano a mano gracias a su habilidad, pero que enganchaba hacia

adentro más de lo que desbordaba. Por la izquierda el titular cantado era Claudio López, un zurdo veloz que aprovechaba su rapidez para llegar al fondo y enviar el centro buscando la cabeza de Gabriel Batistuta o Hernán Crespo, dependiendo quién jugara como centrodelantero. La amplitud por la banda derecha la tenía garantizada con las constantes subidas de Javier Zanetti. Y por la izquierda, en cambio, los avances de Juan Pablo Sorín terminaban en diagonales con destino final en el área rival.

Sobre la evolución de los dibujos tácticos, con los cambios sufridos por los wines y los enganches, Gerardo Martino explica que los esquemas son funcionales a las características de los jugadores, pero que hay sistemas adaptables. "El 4-4-2 tuvo su época de furor, pero de a poco pareciera ir teniendo cada vez menos adeptos. Hay equipos que lo siguen sosteniendo sólo que se fue profundizando más que ese doble cinco esté integrado por uno de contención y otro de despegue para armar juego, no con dos volantes de recuperación. Después, hay variables... Pastore, en la Copa América de 2015, era interior izquierdo, normalmente como el viejo 10. Él jugaba a la izquierda de Mascherano y tenía libertad para moverse. Tranquilamente vos podés tener un 10 dentro de un equipo pero actuando como interior. A lo mejor no como un viejo rombo con tres volantes y un enganche suelto, pero sí es muy normal usar a los 10 al costado del 5. A veces, si tenés un 10 con un buen uno contra uno, lo corrés hacia afuera y lo hacés jugar como un extremo. Pero no como un viejo wing sino yendo de afuera hacia adentro, no para que desborde".

Para Martino, los extremos son una necesidad para abrir defensas muy cerradas y evitar el efecto embudo, que suelen provocar aquellos equipos que defienden con mucha gente por adentro y en su propio campo. "Siempre es más difícil marcar a lo ancho. El ejemplo fue el partido en el que el Bayern eliminó a la Juventus en Munich, en la Champions League de la temporada 2015/16. La Juve ganaba 2 a 0 en el primer tiempo y pasaba de ronda. En la segunda parte defendía claramente con cinco atrás, pero el Bayern le abrió la cancha y descontó con un centro atrás y el cabezazo del delantero. Vos decís 'mirá el gol que le hacen a un equipo especialista en defenderse y con tantos hombres atrás'. Bueno, la única forma de poder encontrar una grieta fue abriendo la cancha y así se lo empató y luego lo ganó", ejemplifica.

En su Newell's campeón, Martino no contaba con extremos naturales. Sin embargo, apostó a un 4-3-3 con Maxi Rodríguez y Tonso jugando por las bandas. A ninguno les pedía el desborde, sí como un recurso pero no como algo sistemático. El objetivo era ubicar a dos jugadores bien abiertos, justamente para ensanchar a las defensas rivales. En ese caso, la importancia estaba en la ubicación. Con dos hombres pegados a la banda, el rival debe disponer de un defensor para cada uno y tener alerta a otro, para evitar el uno contra uno y auxiliar al compañero.

El exentrenador de la Selección Argentina considera que hay un resurgimiento de los extremos. "Creo que hoy hay muchos en nuestro fútbol. Lo que sucede es que tiene que ver un poco con la intención de buscar la posesión. Aquellos equipos que quieren tener la pelota es difícil que jueguen sin extremos y un 9. Lo necesitan para poder elaborar mejor y tener amplitud. En cambio, aquellos equipos que apuestan a la segunda pelota quizá no vean tan útil la presencia de extremos. Es más, suelen jugar con dos delanteros por adentro porque, como apuntan a la segunda jugada, una vez conseguida la posesión se posicionan cerca del área rival. Para los que pretenden elaborar, los extremos son claves. Boca, por ejemplo, que tiene la actitud de atacar, pone por ejemplo a Pavón de un lado y a Centurión del otro, que es un volante ofensivo ubicado de wing. En el Newell's que dirigí, Víctor Figueroa se comportaba como volante, pero tenía un buen uno contra uno y podía jugar como extremo, al igual que Maxi Rodríguez. Lo importante es tener gente que ocupe esos espacios. Aun haciéndolo con volantes en lugar de wi-

nes, porque lo importante, en ese caso, es que sepan ir hacia adentro. Total, la profundidad te la pueden dar los laterales cuando van al ataque".

Sobre la famosa amplitud y la necesidad de los delanteros por afuera, Menotti solía dar su fundamento en charlas con sus exdirigidos: "Si agarrás la pelota cerca de tu propio arco, tenés unos 100 metros de largo hasta el arco rival y unos 70 metros de ancho, de lateral a lateral. Si la agarrás en la mitad de la cancha, estás a 50 metros del arco contrario y mantenés los 70 de ancho. Ahora, si la agarrás en tres cuartos, quedaste a 25 metros del arco. La distancia se redujo pero también los espacios en forma vertical. Sin embargo, ahí mismo seguís teniendo esos 70 metros de ancho. Esto quiere decir que la mejor manera de llegar y generar espacios es por los costados".

Para Mauricio Pellegrino, el actual extremo presenta diferencias en cuanto a funciones con respecto al viejo wing como se lo conoció en la Argentina. Aunque haya ciertas similitudes. "No es lo mismo que el wing de antes, porque hoy necesitás que el que juegue por afuera llegue al gol, baje, meta diagonales, acompañe por el segundo palo cuando la pelota viene por la otra banda... Las funciones cambiaron porque se fueron haciendo cada vez más complejas. Esto fue así porque es el fútbol el que se volvió más complejo. El nivel defensivo hoy es tan bueno que, para poder encontrar esos pocos espacios que pueden aparecer, lo que te queda es apostar a la movilidad. Igualmente considero necesarios a los extremos porque si no abrís el campo, es imposible tener gente con chances de llegar al gol por adentro".

En los últimos años, fueron varios los entrenadores que comenzaron a utilizar extremos en sus equipos. Uno de ellos fue Matías Almeyda como técnico de Banfield. Tanto en la B Nacional como en Primera, el exmediocampista central de River y de la Selección Argentina decidió utilizar un ofensivo 4-2-1-3. Claro que sus extremos en el Ascenso (Ricardo Noir por derecha y Andrés Chávez por izquierda) tenían una función defensiva cuando el equipo perdía la pelota. Era la manera de equilibrar a un equipo que parecía desequilibrado por su disposición táctica. La elección de esos jugadores no era casual. Ambos se destacaban por su dinámica. "Con respecto al ataque en sí, en lo personal me gusta la movilidad y que los jugadores no tengan una posición demasiado estática. Sí que mantengan su ubicación, pero con mucha movilidad para encontrar la forma de recibir mejor posicionado y atacar al rival", explica Almeyda, cuyos extremos, similares a los de Bielsa, hacían un recorrido más largo para garantizar el auxilio a los volantes en el momento de recuperar la pelota.

Gabriel Milito, en su paso por Estudiantes sobre todo, también ha hecho hincapié en la importancia de los extremos. En su juego de posición, Carlos Auzqui y Ezequiel Cerutti eran los encargados de situarse sobre las bandas e intentar desequilibrar en el uno contra uno ante el marcador de punta rival. Para eso intentaba establecer superioridades en las fases previas con el objetivo de que ambos delanteros por afuera pudieran encarar mano a mano contra el lateral contrario. "Por una cuestión de triangulación y para cubrir mejor toda la cancha, el 4-3-3 me parece el mejor sistema. Los extremos te dan amplitud y también te fijan a la defensa rival", manifiesta Gaby, quien agrega: "Primero hay que tener la pelota y saber usarla para generar superioridad numérica, que es lo más importante para poder construir el juego. En los metros finales sí se puede apelar al desequilibrio individual, pero la clave es la amplitud, es estar separados para que el rival no pueda marcar fácil. Es cierto que eso es un riesgo, porque si perdemos la pelota quedamos separados para defender. Pero el riesgo de la amplitud hay que correrlo".

Pablo Guede, al asumir en Nueva Chicago a fines de 2013, en pleno torneo de la B Metropolitana, puso en cancha el 4-3-3. En su caso también hubo una variante. Por la derecha le dio rodaje a un juvenil que él ya había dirigido en las

Inferiores: Alejandro Melo. Un pibe con características de viejo puntero, encarador por la banda y con capacidad para el desborde y el centro. Por la izquierda, ante la falta de wines zurdos, innovó con Christian Gómez, quien se movía habitualmente como enganche. Y no fue fácil la transformación. "A Gomito lo tiré por la izquierda, pero él prefería jugar de mediapunta. Yo le pedía que arrancara por la izquierda y él iba y se cerraba. Entonces lo senté a ver un video y le mostré imágenes de un amistoso que habíamos jugado contra Banfield. Le mostré una acción en la que estaba parado como mediapunta y se lo veía rodeado de tres jugadores rivales. Después le mostré otra jugada en la que estaba recostado hacia afuera y no tenía ningún rival cerca. Le insistí en que él era el mejor jugador del equipo y yo necesitaba que agarrara la pelota con mayor libertad. Si él se tiraba hacia afuera y desde ahí atacaba hacia adentro, iba a ser clave. Lo entendió, porque es muy inteligente, y una vez que le agarró la mano a la posición, hizo lo que quiso. Además, es un jugador cerebral al que le das cinco metros para pensar y te pinta la cara". Los resultados así lo certifican: Chicago salió campeón en aquel torneo y Gomito tuvo una labor más que destacada.

En San Lorenzo, la posición de extremo izquierdo fue ocupada por Martín Cauteruccio, lo que le valió a Guede una catarata de críticas por colocar sobre la banda, a un delantero que suele moverse por adentro, cerca del área. "Decían que no podía jugar ahí y yo preguntaba al revés: ¿por qué no lo podía hacer? Lo que sucedió es que Caute venía sin hacer goles, fallando situaciones y correrlo del área era quitarle presión. Lo tiré para afuera y me respondió tácticamente, porque cumplió bien esa función. Te mantiene la posición, te fija al lateral rival y además te puede llegar al área a la espalda de los centrales. Sin contar que también aporta en lo defensivo al momento de la recuperación". De hecho, su sucesor en el cargo, Diego Aguirre, también utilizó a Cauteruccio por afuera.

Para Guede, la forma de atacar está en constante evolución. Y pone el ejemplo del último año de Guardiola en el Bayern Munich. "Pep, en su última temporada en Alemania, jugó con cuatro puntas. Dos extremos, un nueve de área como Lewandowski y un falso nueve que arrancaba de atrás como Müller. De esa manera, fijaba a cinco rivales en el fondo. Cada lateral con cada extremo y los dos marcadores centrales con Lewandowski y Müller. Para no defender ante el Bayern mano a mano, con el peligro que eso implicaba, el rival estaba obligado a hacer retroceder a su volante central. De esa forma, lograba superioridad en la mitad de la cancha, con la subida de los laterales propios. Yo en San Lorenzo intentaba fijar a la defensa rival para que me quedaran libres Ortigoza, Belluschi y Blanco, quienes eran los que más sabían con la pelota".

Por último, Guede razona: "¿Cuántos recursos defensivos tenés? La presión, el repliegue, las dos líneas de cuatro, marcar al hombre, marcar en zona... Ahí se termina. En cambio, a la hora de trabajar en la ofensiva hay infinidad de variantes. Como dice Bielsa, para defender necesitás correr y saber correr. Es un tema de voluntad. Para lo segundo se requiere de la inteligencia, del talento. Yo por eso hago hincapié en los entrenamientos en los recursos ofensivos. Mis prácticas tienen un 20% de trabajo de defensa y un 80% de ataque".

Uno de los mayores exponentes de la utilización de extremos fue el Lanús campeón del campeonato argentino 2016. Con la llegada de Almirón, el equipo mantuvo el esquema que venía usando con Guillermo Barros Schelotto y profundizó la explotación de las bandas. Con Lautaro Acosta por un sector y Pablo Mouche por el otro, o con Junior Benítez en otras ocasiones, el conjunto campeón hizo uso y abuso de la amplitud. El 4-3-3 de Almirón, más estable que en su paso por Independiente en donde utilizó distintos dibujos tácticos, oxigenó a los extremos, además de imponer el protagonismo de los partidos.

Almirón contó cuándo fue que decidió utilizar extremos. "Cuando llegué a Godoy Cruz, por los jugadores que tenía, decidí armar un 5-3-2. Tres centrales, dos carrileros, dos volantes interiores, el volante central y dos delanteros. Cuando al poco tiempo de asumir veo que algunos equipos atacaban con los laterales, esos capaces de meter diagonales o terminar de extremos como hacía Casco en Newell's, cambié el esquema. Si tu lateral derecho marca al extremo rival y ese extremo se va hacia adentro al mismo tiempo que sube el lateral adversario, tu jugador duda porque le hacen el dos contra uno. Entonces, al colocar un extremo evitás esa inferioridad numérica y le generás una preocupación al lateral rival", cuenta. Y agrega: "La presencia de dos extremos y un 9 obligan a tu rival a defender con cuatro para que le sobre uno. Y eso es una ventaja. Después, el tema está en generar movimientos para que el extremo logre jugar, mano a mano, contra su marcador lateral. Puede desbordar por afuera o ir hacia adentro para intentar ganarles las espaldas a los volantes contrarios. Todo depende también de las características de ese extremo. No es lo mismo Matías Pisano, a quien dirigí en Independiente, que Lautaro Acosta, a quien tuve en Lanús. Acosta te da desborde, mano a mano, es encarador. Pisano, en cambio, por su estilo de juego, suele tirarse hacia adentro".

Otro ejemplo fue el Boca campeón del fútbol local en el 2017. A veces obligado por el contexto, Guillermo modificó su dibujo favorito, el 4-3-3. Pero cuando tuvo en condiciones a Pavón y a Centurión, regresó a su esquema predilecto. Para Barros Schelotto, la amplitud es parte de la estrategia de juego. Y es tal su apuesta que obliga a sus laterales a pasar al ataque en forma permanente.

Tener extremos en un equipo surge como necesario para desarrollar el juego de posición y apostar por atacar. Pero también es vital contar con un delantero capaz de finalizar las jugadas. En los últimos años, como se vio en el Barcelona con la posición de Lionel Messi, reapareció el falso 9, aquel delantero que en lugar de jugar en el área rival, metido entre los centrales, abandona esa posición para retroceder en el campo y jugar más a la espalda de los volantes defensivos rivales. Más que una nueva posición, el falso 9 es una fórmula, una parte de un sistema de ataque con características especiales.

Guardiola lo explica de esta forma: "Llegar al área es mejor que estar. Poner mucha gente arriba favorece a la defensa rival y de nada te sirve poner muchos ahí. Sólo sirven de referencia para las marcas rivales. Mejor que el centrodelantero se tire unos metros atrás para jugar. La profundidad la ganamos por afuera con los extremos bien abiertos y en punta. Y por adentro asociarse para tocar".

Desde que decidió innovar ubicando a Messi por el centro del ataque, Guardiola siempre evitó utilizar al famoso 9 que se posiciona entre los centrales y no se mueve del área. En el Barcelona hizo explotar a Leo y en el Bayern utilizó de esa misma forma a Müller y a Gotze. Quizá Lewandowski se asemeje al típico 9 de área, aunque el polaco posee una riqueza técnica que le permite salir asiduamente, para participar del circuito creativo de su equipo y también para dejar espacios que son aprovechados por sus compañeros. En el City lo intentó con Sergio Agüero, pero, por características, se lo nota más cómodo en esa función a Gabriel Jesús. La clave, para Pep, es que los marcadores centrales rivales no tengan una referencia fija. El 9 debe aportar movilidad constante, no estacionarse porque así queda preso del marcaje rival. Parafraseando una de las máximas de Menotti, "para poder entrar, primero hay que saber salir".

El concepto de falso 9 lo resucitó Guardiola pero tiene muchos años de existencia en el mundo del fútbol. La famosa Hungría de los años 50, subcampeona en el Mundial de Suiza 54, tenía en Nandor Hidegkuti a un delantero centro que retrocedía para armar juego con Puskas. Para confirmar que en el fútbol está casi todo inventado, vale mencionar la opinión de Puskas sobre esa modificación táctica que lleva

su impronta, ya que él fue quien se la sugirió al entrenador húngaro Gusztav Sebes. “Lo mejor que podemos hacer es que el 9 se retrase para fluctuar en diferentes posiciones y confundir a la defensa de Inglaterra. El defensa lo seguirá y se abrirán nuevos espacios. De esta manera se nos darán más facilidades a los otros atacantes”, le dijo antes de aquel histórico partido ante los ingleses en Wembley, en 1953, en el que Hungría goleó por 6 a 3.

Otros sostienen que el creador de esa posición fue Matthias Sindelar, un delantero austríaco de la década del 30. Pero más allá del origen, la cuestión es que fueron varios los futbolistas que cumplieron esa función específica a lo largo de la historia. Alfredo Di Stéfano fue uno, el francés Raymond Kopa, otro. El Brasil campeón del Mundial de México 70 formó un ataque inédito integrado por cinco números 10. En ese equipo había dos “falsos nueve”: Pelé y Tostao, quienes intercambiaban posiciones y rotaban permanentemente. Cuatro años más tarde, de la mano de Rinus Michels, Holanda demostraría la vigencia de esa función por intermedio de Johan Cruyff, en un equipo donde la matriz era la constante movilidad y la ausencia de posiciones fijas.

Sin dudas, nadie logró equiparar la trascendencia que consiguió Messi en dicha función. Consciente de las características de Leo, Pep lo ideó como falso nueve pese a que tenía a un centrodelantero de peso como Samuel Eto’o. Cuando a la temporada siguiente llegó Zlatan Ibrahimovic, que era un delantero de área pero con una capacidad técnica interesante como para sumarse al armado del juego, otra vez el desequilibrio en ataque que producía Messi lo llevó a Guardiola a prescindir del sueco y diagramar los movimientos ofensivos para potenciar aún más la figura de argentino. Como afirma Diego Latorre: “El falso nueve había quedado un poco olvidado en el tiempo hasta que Guardiola lo puso nuevamente en evidencia de una forma magistral”.

Para cumplir dicha función de centrodelantero retrasado, es necesario que ese futbolista cuente con algunas características: rapidez de movimientos, capacidad de lectura de la jugada, buen manejo de pelota en espacios reducidos, aptitud para pivotear y asociarse en la generación de juego... Resultaría seguramente un error pretender que un 9 tradicional, un Martín Palermo por ejemplo, cumpliera dicho rol.

En la Argentina, para remontarse al primer falso nueve famoso, habría que retroceder en el tiempo y llegar a La Máquina de River, aquel equipo que hizo historia en los años 40. En esa delantera famosa, Adolfo Pedernera era un centrodelantero que retrocedía en forma permanente para asociarse al juego y que generaba espacios que luego eran bien usufructuados por Ángel Labruna, uno de los más grandes goleadores de la historia del fútbol argentino.

Los últimos años mostraron que el 9 mentiroso también puede existir. El mejor ejemplo reciente es el de Carlos Tevez en su regreso a Boca. Con los años, tras su paso por el fútbol europeo, el Apache abandonó el área cada vez con mayor frecuencia. Nunca fue un 9 a lo Palermo por lo que el cambio, no le resultó tan brusco. Pero en su segunda etapa en el club xeneize, Tevez mostró otra versión a la de sus comienzos, moviéndose en la zona de tres cuartos y, en algunos partidos, pisando el área rival en contadas ocasiones. Surgió el debate sobre si Tevez era nueve o no a partir de unas declaraciones de Martino, quien había citado a Carlitos a la hora de enumerar a los centrodelanteros que tenía disponibles para el seleccionado, además de Gonzalo Higuaín y de Sergio Agüero. El propio delantero, ya en el ciclo de Guillermo Barros Schelotto al frente de Boca, declaró: "No me siento cómodo jugando de nueve". Y lo explicó: "Yo me siento mejor de segunda punta. Al 9 hoy lo veo como que se tiene que agarrar a piñas con los defensores y ver si puede hacer un gol, y la verdad es que yo ya estoy grande para eso. Antes, el dolor de los golpes que te daban se te iba en un día y hoy tengo que estar tres o cuatro para que se me vaya. El cuerpo cambió y a uno le cuesta más ir a pelear con los defensores. Por eso, ir de segunda punta, es como te hace ser

un enganche de antes, donde estás siempre en contacto con la pelota y también llegar al arco".

Son varios los equipos argentinos que han jugado con un falso nueve en los últimos años. Newell's lo hizo en la era Martino con Ignacio Scocco, Racing con Luciano Vietto, Lanús con Silvio Romero, Colón de Santa Fe con un enganche como Alan Ruiz, San Lorenzo con un habilidoso como Ángel Correa o hasta el mismo River con Teófilo Gutiérrez.

Quizá tenga razón Messi y el falso 9 no responda a una característica de un delantero: "No se puede decir que es una posición que se creó para mí, sino el fruto de un estilo de juego determinado".

CAPÍTULO 14

LA PRESIÓN Y RECUPERACIÓN DE LA PELOTA

"Yo soy muy egoísta en algo: la pelota la quiero para mí. Y no espero que me la entreguen. Si la tienen los rivales, deben saber que la voy a ir a buscar".

Pep Guardiola

Todos los conceptos de juego de Guardiola se encuentran estrechamente entrelazados. La salida desde el fondo tiene directa relación con la ubicación de los extremos; el juego de posición está atado a la posesión; las triangulaciones se encuentran unidas al 4-3-3; y así con cada uno de los distintos aspectos de su ideario futbolístico. Dentro de ese crucigrama aparece también otro factor muy importante en su filosofía que es la presión y la organización defensiva, que emplean sus equipos para recuperar la pelota. Una estrategia que fue cosechando seguidores dentro del fútbol argentino en estos últimos años.

Admirador de Arrigo Sacchi, Guardiola estudió al detalle cómo presionaba aquel Milan dirigido por el entrenador italiano, que marcó una época a finales de los años 80. Un equipo que asfixiaba al rival en campo ajeno y que gracias a ese mecanismo colectivo, lograba recuperar rápidamente el balón. El conjunto italiano se movía con sus líneas siempre pegadas, como un equipo corto, y la defensa achicaba hacia adelante con el objetivo de generar superioridad numérica

en la zona en donde se encontraba en juego la pelota. Ese movimiento, trabajado de manera constante durante los entrenamientos, fue perfeccionado y su ejecución llegó a tal nivel de sincronización que era uno de los puntos más poderosos de aquel gran equipo. Claudio Caniggia, en su paso por el futbol italiano, se enfrentó a ese Milan y lo definió de esta forma: "Era insoportable. Cuando ellos perdían la pelota, vos siempre te sentías en inferioridad numérica cuando debía ser al revés. Había espacios para atacar porque defendían con mucha gente en campo contrario, pero se hacía difícil poder aprovecharlo, ya que la presión que efectuaban era tremenda. Además, era un equipo con mucho talento en lo técnico. Baresi y Maldini, por ejemplo, eran defensores, pero sabían muchísimo con la pelota".

Para su sistema, audaz por la disposición de los jugadores en campo contrario, Pep entendió que una de las claves del éxito pasaba por recuperar la pelota lo más rápido posible tras una pérdida. Como intenta también otro equipo paradigmático en la historia del fútbol mundial: la selección de Holanda del Mundial 1974. Con el equipo siempre volcado en posición de ataque y con tanto campo libre entre los defensores y el arquero, resignar el balón podía exponerlo al contragolpe rival. Por ese motivo, puso en práctica en su Barcelona 'La ley de los seis segundos'. ¿Qué era? El tiempo, cronometrado en los entrenamientos, en el que sus jugadores debían hacerse nuevamente de la pelota para desactivar el peligro que podía ocasionarle el rival, con pelota y espacios a su favor. Pasado ese lapso, el riesgo de recibir una contra aumentaba considerablemente. Pero la fase de repliegue era sólo la última opción y se producía cuando el equipo, era obligado a correr hacia atrás. Antes aparecía la carga continua sobre la pelota, apoyada por el achique de espacios, como arma de presión. En esto juega un rol importante el famoso juego de posición. La ocupación de los espacios de cada jugador en posición de ataque debe ser de forma tal que, ante la hipotética pérdida, estén lo suficientemente cer-

ca de la pelota para reaccionar de inmediato, mediante una agresiva presión en bloque para desarticular el avance del adversario, cuya estrategia suele ser, obviamente, atacar el espacio. Pep inculcó, de esta manera, la recuperación rápida tras pérdida que consiste en acosar al poseedor del balón y tapar a los posibles receptores.

Gabriel Milito, quien fue dirigido por Guardiola, aporta su conocimiento respecto a esta fase del juego. "Para Pep, el que ataca bien, defiende bien. Esa es su filosofía. No quiere pérdidas en lugares inconvenientes, pide jugadores cerca para estar preparados para recuperarla y que finalicen las jugadas. Todo para evitar el contragolpe rival, que es un riesgo y desgasta. Obviamente que mientras ataco también defiendo. Cuando la tenemos nosotros, el 9 descansa, pero otros están preparados para picar. No hay que despegarse".

A nivel mundial, el primero en revolucionar el fútbol a través del *pressing* fue la selección de Holanda del Mundial 74. Y Guardiola, antes del Milan de Sacchi, había conocido secretos de esa presión en el Dream Team del Barcelona dirigido por Johan Cruyff, pieza fundamental de aquella Naranja Mecánica. En cuanto al fútbol argentino, uno de los que buscaban presionar en campo contrario, mediante el famoso achique hacia adelante fue César Luis Menotti con la Selección Argentina y los distintos equipos que dirigió. Allá por principios de los 90, el que instaló la presión alta y efectiva y perfeccionó el sistema de recuperación del balón fue Daniel Passarella. Al asumir como entrenador de River, el Kaiser importó el *pressing* que era habitual en los partidos del fútbol italiano sumado al conocimiento que tenía sobre la forma de desenvolverse de los equipos de Menotti. Su equipo se destacó en eso de asfixiar al rival en campo contrario, no dejarlo jugar y robar el balón cerca del arco adversario. Años después, el que implementó una presión agresiva y sostenida durante casi todo el partido —lo más difícil de lograr— fue Marcelo Bielsa en Newell's. Ambos entrenadores,

también llevaron esa estrategia a la Selección Argentina en sus respectivos ciclos.

Post etapa de Guardiola en el Barcelona, varios equipos del fútbol argentino apostaron al *pressing*: el Rosario Central de Eduardo Coudet fue uno de ellos. Pero el equipo que mejor desarrolló ese aspecto del juego, fue el River de Marcelo Gallardo. En realidad, en la primera parte de su ciclo, el segundo semestre de 2014. Aquel equipo salió campeón de la Copa Sudamericana y peleó el título local con Racing hasta la última fecha, finalizando en la segunda posición. El entrenador, en su época de futbolista, había sido dirigido justamente por Passarella y Bielsa. A esos conceptos ya adquiridos en su juventud, Gallardo le agregó lo que pudo observar de ese Barcelona. "A mí me gusta que mi equipo juegue lejos de mi arco. Tuve la suerte de tener jugadores muy valientes y con personalidad para hacer eso de jugar a 40 metros de nuestro arquero. Después, los futbolistas le van marcando al entrenador las variantes que hay y las posibilidades para llevar una idea adelante. Creo que a todos los entrenadores del mundo, nos gustaría jugar como jugó el Barcelona de Guardiola, pero copiar y pegar es muy complejo. Puede ser muy frustrante, porque la materia prima es fundamental".

En el 4-3-1-2 de Gallardo era muy importante el rol de los volantes internos (Carlos Sánchez y Ariel Rojas) en ese primer semestre. Ambos se adelantaban en el campo junto con el volante central, Matías Kranevitter, y marcaban en qué sector presionar. Siempre con el objetivo de hacerlo en bloque y de manera agresiva para no dejar pensar al rival.

En este video, de un partido disputado ante el Club Atlético Tigre, se puede observar el método de presión que usaba aquel equipo:

El Newell's de Martino también apostaba a la presión en bloque, como método para recuperar la pelota. En aquel equipo, que tenía un prudente tiempo de trabajo, los frutos de esos ejercicios quedaron a la vista en aquellos campeonatos. Sin embargo, en la Selección Argentina, el Tata no logró aceitar un eficaz mecanismo para el momento en el que el equipo perdía la pelota. El mismo reconoció dicha falencia en una conferencia de prensa que brindó durante la disputa de la Copa América Centenario, en 2016. Antes de la semifinal contra Estados Unidos, ganada por Argentina por 4 a 0, había advertido: "No tenemos bien desarrollada la presión alta, de la manera en que la tiene que tener desarrollada un equipo que quiere presionar bien y en forma continua. No la hacemos mal, pero no somos los mejores en ese aspecto". Esa autocrítica concuerda con su opinión sobre el mismo tema luego del debut, en dicho torneo, ante la selección de Chile. Esto señalaba: "La presión alta necesita mucho más tiempo de trabajo, mucho más convencimiento. Nuestra presión alta, la de inicio de juego del rival, no es del todo buena. Nuestros mejores momentos de presión, los hicimos en los partidos en los que retrocedimos un poco. Es algo que suele pasarle a muchos equipos, que se sienten más cómodos presionando más retrasados. Igualmente, nuestros dos goles fueron luego de recuperaciones en tres cuartos de campo. Es positivo que si el equipo no puede lograr la idea primaria que tiene, trata de no poner en riesgo la posibilidad de ganar el partido".

Pablo Guede, gran admirador de Guardiola como ya ha sido consignado, confiesa que cuando observaba al Barcelona, siempre intentaba copiar cosas. Pero asegura que el *pressing* es lo que más interés le despertó de todas las facetas del juego. "Yo veía jugar al Barcelona y estaba desesperado por analizar la presión. Yo creo que a ese equipo, no le podías copiar todo. Es algo imposible porque uno no tiene a Xavi, a Iniesta, a Messi... ¡Pero la presión sí! Eso se lo podés copiar porque ir a robar la pelota es cuestión de voluntad,

de correr, de hacer un esfuerzo físico. Yo lo que más quise absorber de ese Barcelona fue la recuperación de la pelota mediante la presión tremenda que ejercía".

En los entrenamientos, Guede insiste con los cinco o seis segundos de tiempo para volver a hacerse de la pelota tras la pérdida. "En el juego de posición, lo importante es tratar de recuperar el balón lo más rápido que se pueda", explica y da un ejemplo: "En el Bayern-Atlético de Madrid jugado en Munich, por la semifinal de la Champions de 2016, el gol de Griezmann fue producto de una presión tardía del Bayern". Es cierto. La jugada fue así: Boateng envió un pase largo, que fue rechazado por Godín en la puerta del área. La pelota le quedó a Gabi y tres jugadores del Bayern salieron enloquecidos a presionarlo. Pero él la tocó de primera para Koke, quien también la tocó de primera para Griezmann, quien descargó para Torres. Este se la devolvió para que se fuera derecho a enfrentar a Neuer. Todos llegaron un segundo tarde y eso fue letal porque la jugada terminó en el gol del Atlético, que le valió el empate para poder acceder a la final del torneo.

La convicción para ejecutar el *pressing* es clave y también el posicionamiento. Si el Barcelona recuperaba muy rápido la pelota, era porque tenía superioridad numérica en el sector del campo en donde se producía la pérdida. Además, según Guede, es fundamental la cuestión mental, el hecho de tener instalado el concepto de la presión. "Una vez les mostré un video a los jugadores de San Lorenzo, de un partido en el que el Barcelona le ganaba 4 a 0 al Real Madrid. Iban 84 minutos de juego y en la imagen se lo ve a Messi yendo como loco a presionar a Casillas. Les dije a los jugadores: 'Messi gana 35 millones de euros por año y miren cómo corre, faltando seis minutos y ganando 4 a 0'. Ahí está el secreto: en la convicción. Presionar supone además un gesto solidario, porque uno corre por uno, pero también por el compañero".

Algo fundamental en el *pressing* es que sea colectivo, que exista un movimiento coordinado para complicar al rival.

“Tienen que presionar todo, bien unidos y en bloque, para poder asfixiar al rival. La presión individual no es productiva. Igualmente, la presión va con las ganas de correr y de robar la pelota. Es un tema de voluntad. Si lo hace Messi, ¿por qué otro no puede hacerlo?”, pregunta Guede.

Ariel Holan, otro de los que practican un juego de posición en el fútbol argentino, menciona la importancia de saber presionar y aporta algunas características: “Yo soy partidario de la poca distancia entre líneas. Si lo hacemos en altura o en repliegue, dependerá de las circunstancias del juego, de las características del equipo rival y del equipo que yo tenga en cancha. Yo no puedo hacer correr a un futbolista, que no está capacitado físicamente, a una intensidad que no me puede dar. Para tener un equipo que presione, necesito intensidades parejas y capacidad de recorrido para poder presionar de manera uniforme y organizada, que nadie llegue a destiempo y que todos puedan hacerlo. Eso es algo que se trabaja”.

Sobre cómo presionaba el Barcelona de Guardiola, Holan desarrolla: “Hay dos características para destacar: atacaba con un alto nivel de calidad y sufría pocas pérdidas. Está claro que si sos protagonista a través de la pelota, el rival va a estar replegado para contragolpear. El tema es que si vos tenés disciplina táctica, te vas a parar a distancias cortas. Siempre es más fácil recuperar rápido, cuando el equipo está corto. Si el equipo es largo, presionar y achicar hacia adelante, es mucho más difícil. El Barcelona, por su capacidad técnica y la metodología de Guardiola, cuando la perdía se cerraba y como era un equipo corto, se facilitaba la recuperación del balón. La virtud de aquel equipo era que no la perdía en lugares complicados. Y si la perdía, la recuperación era más sencilla por cómo estaban parados los jugadores. Guardiola ha sido un maestro en cuanto al desarrollo del ataque y a la prevención del contragolpe. Por ese motivo, sus equipos tienen pocas pérdidas y rápidas recuperaciones si eso ocurre. Una de las claves pasa por saber dónde no la podés perder”.

Para evitar las pérdidas, Holan apela a una vieja frase del fútbol argentino que no por vieja pierde vigencia: “No hay mejor defensa que un buen ataque. Yo ahora me encuentro en la etapa de pulir al máximo mi forma de atacar. Hacerlo con calidad”. Igualmente, remarca cuál es el punto débil del sistema: “El talón de Aquiles, en el fútbol argentino, es que el jugador se formó en base a la intuición. Eso tiene un nivel de riesgo importante. Por eso, para no perder esa batalla en la presión y que no te ataquen de contra, tenés que mejorar mucho la forma de atacar. Y no hay que dejar de marcar en ataque. Si la pelota la tenemos nosotros, hay que apuntar a la disciplina táctica”.

Como fue señalado, Rosario Central, con la llegada de Eduardo Coudet, modificó radicalmente su juego y se destacó por ser un equipo ofensivo y que presionaba en campo rival con una voracidad notable. Para ello, el conjunto rosarino adelantaba su última línea, de la mano del liderazgo de Pinola, y así corría a los volantes más cerca de los delanteros, para activar la presión y no darle espacios al equipo adversario. En junio de 2015, en una nota publicada en el diario La Capital de Rosario, el entrenador expresaba lo siguiente: “El equipo ejerce una presión alta y todos dejan todo a la hora de recuperar la pelota. Eso no se da en todos los equipos. Mis jugadores hacen un gran esfuerzo y nunca se quedan, siempre quieren más. Sabemos que es difícil mantener la presión durante los 90 minutos, pero vamos mejorando y apuntamos a eso. Igualmente no me puedo quejar. Hasta el momento ningún rival nos pasó por encima”.

Contra San Martín de San Juan, en un encuentro disputado en Rosario, Central hizo un intenso trabajo de presión sobre la salida del rival. Acá se puede observar:

Facundo Sava reconoce que la presión alta, no es algo fácil de llevar a cabo. Hay que medir en qué sector de la cancha y cuántos jugadores participan de ese *pressing*. “Presionar también es difícil. Hay que trabajar mucho en la repetición, para que los futbolistas adquieran la práctica de cómo se deben hacer. Para presionar también es clave la confianza que tienen de ir disparados hacia el rival que agarró la pelota”.

En el campeonato del primer semestre de 2016, el campeón Lanús empleó varios aspectos del juego del Barcelona. La salida desde el fondo, la búsqueda de superioridad numérica, el juego de posición, el 4-3-3... Sin embargo, la presión agresiva la utilizó solo luego de una pérdida en campo rival. A la hora del *pressing*, el equipo retrocedía unos metros en lugar de presionar alto. Jorge Almirón, su entrenador, explica el motivo: “En Lanús no solíamos realizar una presión alta por las características de los jugadores. Además, es algo muy difícil de sostener durante todo el partido. Al delantero le genera un desgaste importante. Es muy viejo aquel consejo que solían darles los entrenadores a sus atacantes, que no corrieran al defensor rival porque lo querían fuerte y entero para cuando el equipo tuviera la pelota y atacara. Pero en la actualidad, eso quedó obsoleto. El delantero tiene que presionar porque si después va a Europa, donde se hace de manera habitual, puede costarle bastante la adaptación. Lo que nos sucedía a nosotros es que Sand, nuestro 9, por características no es de ir tanto a presionar, de ir a buscar a los centrales. En la final contra San Lorenzo, retrocedíamos en la salida del rival. Cuando buscaban iniciar el juego desde el fondo, iba uno de nuestros volantes a apretar al central, que ante la presión la dividía”.

Almirón marca una diferencia: “Si nosotros estábamos atacando y la perdíamos, ahí sí íbamos con todo, porque teníamos jugadores con dinámica para ir a presionar rápido en lugar de replegarnos. El equipo se activaba para presionar en determinadas zonas, porque teníamos una ventaja: nuestros marcadores centrales se animaban a defender mano a

mano. Eran fuertes en el uno contra uno. Por eso asumíamos ese riesgo".

El entrenador de Lanús marca que el sistema de presión debe ser trabajado de manera colectiva y que es fundamental la concentración y la lectura del juego por parte del futbolista. Al respecto, señala un ejemplo: "En la Copa América Centenario, en el partido que jugaron Argentina y Estados Unidos, el equipo local estaba parado 4-4-2. Argentina salía jugando desde el fondo y Estados Unidos presionaba solo con sus dos delanteros. ¿Qué sucedió? La Selección Nacional se puso en ventaja y tenía la pelota. Pasó a ganar 2 a 0 y seguía dominando el balón. Estados Unidos no presionó bien y nunca supo cómo recuperar la pelota. Por eso su entrenador, al final del partido, declaró que habían sido superados por todos lados".

El objetivo de presionar en campo rival en los equipos de Guardiola era muy claro: volver a ser el dueño de la pelota. Ejercer un dominio territorial y psicológico sobre el rival. Como dijo justamente Arrigo Sacchi, "el adversario, al verse ahogado, suele tomar decisiones equivocadas, pierde la capacidad de elegir la mejor opción. En consecuencia, ahí surge la disminución de la autoestima. Cualquiera en el fútbol sabe que no poder resolver el dominio contrario es extraordinariamente frustrante".

CAPÍTULO 15

LOS ENTRENAMIENTOS Y LA CONDICIÓN FÍSICA

"Sé que en Italia están a punto respecto a la condición física. Pero a mí me importa una mierda la condición física. Es la cuestión mental lo que más me interesa...".

Pep Guardiola

El Barcelona, en cuanto a la preparación física de los futbolistas, no inventó nada. Acá no se trata de adjudicarle una innovación o la autoría del descubrimiento de un método desconocido hasta entonces. Pero el enorme éxito de aquel equipo en el ciclo Guardiola, hizo más famoso un sistema de entrenamiento que en el fútbol argentino, salvo excepciones, no gozaba de adeptos. Incluso era mirado de reojo. A fines del siglo pasado y a principios del actual, la preparación física en la Argentina, en la gran mayoría de los clubes, solía ser muy estructurada, conductista, lineal y algo arcaica comparada con los sistemas utilizados en Europa. No era por adelantos tecnológicos del primer mundo inalcanzables para este costado del mapa, sino por diferencias en los criterios con respecto a la condición física en el fútbol. Ejemplos sobran. Durante las pretemporadas, sobre todo las de verano que eran las más extensas, los jugadores eran sometidos a fuertes trabajos con importantes cargas con el objetivo de conseguir un estado físico, una "resistencia", que pudieran mantener a lo largo de todo el año, con un refuerzo a me-

diados de año en la pretemporada de invierno. Se escuchaba y se leía hace unos años que jugadores vomitaban o se descomponían luego de completar un extenuante circuito físico, que incluía sesiones de pesas, remolque de trineos, saltos con chalecos con carga, pasadas... Nadie se alarmaba por esas noticias, sino que hasta sonaban normales. A partir de una constante bajada de línea desde los medios de comunicación, sobre todo de periodistas funcionales al resultadismo más puro, se emparentaba el fuerte trabajo físico con una posibilidad más cercana al éxito deportivo. Del otro lado, de una manera despectiva, quedaban los que apelaban a otro estilo al entrenar que, rápidamente, fueron catalogados como vagos y demás adjetivos descalificativos.

Pero ese Barcelona demostró que aquel mensaje intencional, que se instaló con éxito en la Argentina desde mediados de los 80, por un cierto sector del periodismo partía de conceptos falsos, engañosos. El Barcelona de Pep conquistó el mundo en cuatro años y para ello no necesitó efectuar pretemporadas super exigentes, utilizar pesas como complemento de trabajo ni hacer duras pasadas en la arena o en la montaña. Ni siquiera debió apelar a los llamados dobles o hasta triples turnos, frases marketineras que nunca fueron garantía de un fútbol mejor. Cada entrenamiento del conjunto catalán podía llegar a durar dos horas como máximo. Y tampoco había concentraciones de 48 horas antes de cada partido, ni de 24. Sólo se juntaban algunas horas antes de los encuentros. “La gente no se pasa el día anterior de ir a trabajar encerrada en un hotel”, lo fundamentó Guardiola. Es decir, todo al revés de lo que era moneda corriente en la Argentina. Por eso, ese ciclo de Pep en el conjunto catalán ayudó para desnudar la mentira de aquel mensaje que aludía a la preparación física como indispensable garantía del éxito. Fue otra contribución del entrenador catalán a la necesaria desdramatización del fútbol en una época donde ya predominaba el ganar como sea. “De todos los equipos en los que jugué, el Barcelona fue el lugar en el que menos hincapié se le hacía a la preparación física en sí. Todos los trabajos físicos eran con la pelota y tenían un fin: prepararnos para el tipo de juego que íbamos a desarrollar. En esos cuatro años nadie podía decir que el equipo estuviera mal físicamente. Y además jugábamos siempre dos partidos por semana", afirma Gabriel Milito, integrante de aquel proceso, como para empezar a derribar ciertos mitos.

El que los derribó todos en España había sido Francisco Paco Seirulo. Maestro de preparadores físicos, con pasado en el atletismo, su metodología en el rubro lo llevó a obtener distintos premios y a trabajar con el plantel profesional del Barcelona desde 1994 hasta 2012. Fue el maestro de Lorenzo Buenaventura, el Profe de aquel Barcelona histórico de Pep y que sigue formando parte del cuerpo técnico de Guardiola. Lo acompañó en su travesía por Alemania y también continúa al lado suyo en esta nueva experiencia que acaba de comenzar en el Manchester City. "Cada deporte requiere su entrenamiento específico. Antes, por error, se pensaba que primero había que fabricar a un atleta y luego que jugara a lo que fuera", explica Paco una parte del ABC de su escuela de pensamiento ideológico. Esa que establece que el futbolista no es un atleta sino un deportista que debe poseer un estado físico acorde para realizar las acciones exigidas dentro de un partido.

Guardiola, cada vez que lo menciona, le rinde pleitesía. "Paco es un sabio, una persona que he conocido a mis 15 años, cuando yo tenía un cuerpo más pequeño que ahora y empezaba a ir al gimnasio a ver si agarraba un poco de kilos. Lo conozco de toda una vida, he trabajado con él en el juvenil. Y tiene una gran virtud: dice que la preparación física no sirve para nada. ¡Y es preparador físico!". Seirulo lo convenció de ese método, algo que él también pudo apreciar en su época de futbolista, al comparar distintos estilos. Al respecto comentó hace unos años: "En España, el entrenamiento está integrado con la pelota mientras que en Italia, por ejemplo, la preparación física está separada. Y les hacen

trabajar mucho el sufrimiento mental en el esfuerzo físico. Eso de continuar, continuar... Pero yo, por muchas serie de 600 metros, no me encontraba mejor físicamente".

A partir de las conquistas del Barcelona, varios clubes intentaron copiar no solo el estilo futbolístico sino el adiestramiento físico. Y en la Argentina, esa nueva corriente también comenzó a propagarse junto con otro fenómeno: la aparición de jóvenes preparadores físicos, con nuevas inquietudes y más predispuestos a innovar. Porque así como en los últimos años surgió una nueva camada de entrenadores preocupados por desarrollar un fútbol más conceptual, vale remarcar que también, de la mano de los técnicos, alcanzaron mayor notoriedad algunos profes con la intención de realizar un entrenamiento más específico, más individualizado que grupal y atendiendo las necesidades que cada futbolista requiere para desarrollarse en este deporte.

Para entender aún más este concepto o esta manera de ver la preparación física, conviene leer algunas consideraciones de Seirulo: "La pretemporada es uno de los errores más graves. Yo creo que es imposible que, entrenando durante un mes, se llene el tanque de un futbolista para toda la temporada. Es imposible. Y los preparadores físicos tenemos que flagelarnos en esto pues le hemos dado demasiada importancia a las pretemporadas. Hacer entrenamientos con dobles y triples turnos, durante dos o tres semanas, no es bueno para los jugadores. Solo consigue fatigarlos y que lo estén pagando en las primeras cinco fechas del torneo. Para mí lo correcto es prepararse sólo para el primer partido. Y luego para el segundo. Y así. No se puede hacer una pretemporada entrenando dos semanas seguidas en tres turnos sin tocar el balón. Perjudica y no es útil".

En el año 1999, Independiente decidió realizar su pretemporada invernal en la capital de la provincia de Salta. El primer día de trabajo en el complejo La Loma, luego de la charla de César Luis Menotti con sus dirigidos para plantear objetivos de cara a la nueva temporada, los jugadores realizaron distintos trabajos físicos, pero todos con un denominador común: la pelota. Finalizada aquella primera jornada, el autor de este libro y testigo de aquellos ejercicios, se acercó al Profe del plantel, Fernando Signorini, y se dio el siguiente diálogo:

—¿Por qué ya en el primer día los jugadores tomaron contacto con la pelota?

—¿Y vos qué creías qué íbamos a hacer?

—Imaginé pasadas, trabajos de potencia para fortalecer muscularmente a los jugadores, sesiones de pesas...

—Lo que sucede es que son jugadores y van a jugar a la pelota, no a correr un maratón.

La respuesta de Signorini hacía alusión a la diferencia entre un futbolista y un atleta. Un adelantado a su época que, sin embargo, recibió muchas críticas por su método denominado 'light o escaso para lo que 'la crítica periodística' consideraba normal. Aunque él jamás se preocupó por aquellos comunicadores que se inmolaban detrás de la idea del exigente trabajo físico. Hoy, 18 años después de aquella charla en la pretemporada de Salta, y consultado para este capítulo del libro, Signorini explica: "La preparación física está sobrevalorada. Acá se trata de tener sentido común. Si van a jugar al fútbol, los jugadores deben ser preparados para esa actividad específica. Lo que sucede es que hace 20-30 años, todo partía de un error conceptual. Había una especie de intoxicación. Todos los métodos de entrenamiento provenían del atletismo. Todavía hoy se repiten ciertas cosas. Para mí hay que saber diferenciar. Un atleta vendría a ser un caballo de pista y un futbolista, un caballo de polo. No es lo mismo. Yo venía intoxicado de los institutos de educación física hasta que me agarraron César Luis Menotti y el doctor Rubén Oliva. Ellos me abrieron los ojos. En los institutos de educación física saben mucho de fisiología, de biomecánica, pero de fútbol no saben nada. Acá hay algo claro: podés ver diez partidos de fútbol y decime si en alguno de ellos vas a ver a un jugador corriendo 100 metros con el mismo dibujo

biomecánico. Imposible. Si el futbolista que entrena, no está obligado a pensar en una solución puntual ante una acción de juego, de poco sirve que esté bien entrenado físicamente. Lo que cansa es estar pensando en cómo resolver las situaciones que plantea el juego. Y además, cada jugador es distinto al otro. No se puede entrenar físicamente a todos de la misma forma".

Quien fuera entrenador personal de Diego Maradona en la Selección y en el Napoli, asegura haber hecho un curso especializado con el astro argentino y también con Menotti. "Trabajé con uno de los mejores jugadores del mundo y con uno de los mejores entrenadores del mundo. Mejor aprendizaje al lado de ellos, imposible. Fue como realizar un master en Harvard", afirma. Y desarrolla el concepto: "Todo el entrenamiento está regido por una idea, que es la idea de juego que tiene el entrenador. Cuando el entrenador no tiene muy claras las cosas, siempre es más fácil darle trabajo al Profe. Cuanto más sabe el entrenador, menos trabaja el preparador físico".

Signorini, integrante del cuerpo técnico de la Selección Argentina en el Mundial de Sudáfrica 2010, se molesta ante algunos exabruptos cometidos por sus colegas, que le dan una entidad al trabajo físico aún mayor que el que realmente tiene, según su mirada. "Un ejemplo es la utilización del gimnasio. ¿Pesas para qué? ¿Van a ser fisicoculturistas? Lo que pasa es que se impuso como una moda y se vendieron miles de millones de dólares en pesas para los clubes. A veces el capitalismo produce estas cosas...".

Él también le da su mérito a Guardiola para esa modificación sustancial en la preparación del jugador, que sirvió para modificar usos y costumbres en el fútbol argentino. "Tanto la filosofía de Pep como el éxito logrado por el Barcelona, tuvieron mucho que ver en el cambio conceptual de la preparación física en el fútbol. Pero influyeron porque ganaron y esa fue la forma de legitimar dicho método. Como el éxito no se analiza, se acepta, si mañana gana el título un equipo cuyo Profe les pide a los jugadores que hagan saltos con vallas y caigan en colchonetas, muchos van a copiarlo sin el interés de saber si eso, es realmente beneficioso o no para el futbolista".

Signorini se ríe, para no llorar, cuando le hablan por ejemplo de una merma física de algún equipo en una situación puntual, como sería ir 3 a 0 abajo en el marcador en el segundo tiempo. "Cuando escucho a comentaristas o a los mismos hinchas que le echan la culpa a la preparación física cuando un equipo va perdiendo por goleada y no se mueve, me provoca indignación. ¡Están muertos pero porque van perdiendo 3 a 0! Si les largo dos perros de raza rottweiler vas a ver cómo salen corriendo y son capaces de subirse incluso al Obelisco... El componente mental es lo que más influye en el fútbol. Un gramo de tejido cerebral pesa más que 80 kilos de músculo".

El reconocido Profe, cuyo último club en el que trabajó fue los Venados de Yucatán de México, está a favor de la idea de que la pelota forme parte del entrenamiento, aunque es crítico con aquellos que lo llevan a un extremo. "Tampoco es que les tenés que dar una pelota a cada jugador y que hagan malabarismo. En ese afán de innovar se cometen torpezas, se hacen tonterías. La pelota sirve porque es el elemento indispensable del juego y el futbolista tiene que entrenar con ella. Pero debemos pensar que acá también juega un papel preponderante, la cuestión cognitiva. El componente mental. El futbolista, por las acciones que transcurren en un partido, con el ambiente que lo rodea, no es un deportista normal. A los dos minutos, lo puede estar puteando todo un estadio, a los seis minutos es Dios y a los 17 minutos es un villano. No es lo mismo ser titular que ser suplente tampoco... Es decir, hay muchos factores que hacen complejo el tema como para que todos los jugadores deban trabajar de la misma manera. También depende el estilo de juego. No es lo mismo ser el preparador físico de un plantel que dirige Arruabarrena, que hace mayor hincapié en la tenencia del balón, que en un

plantel donde está Guillermo Barros Schelotto, que busca un fútbol más directo y vertical".

Así como en los campos de juego se observan duelos entre distintos estilos futbolísticos, también hay diferencias a la hora de los métodos para preparar físicamente a los jugadores. Y Signorini marca un hecho puntual, de un partido específico, para destacar esos extremos. "Un buen ejemplo fue la semifinal de la Champions de 2016 entre el Bayern Munich de Guardiola y el Atlético de Madrid de Simeone. Yo observaba por televisión los movimientos precompetitivos que hacían los equipos dentro de la cancha y era abismal la diferencia. En un costado, veías a los jugadores del Bayern calentar juntos en función del espacio, pero de manera individual, con el Profe Buenaventura interviniendo mínimamente. Uno saltaba, el otro estiraba... Efectuaban los movimientos que cada uno más suele desarrollar durante los 90 minutos. Del otro lado del campo mostraban al Profe Ortega, de Simeone, y parecía el director de un ballet. Él en el medio, ordenando y ejecutando las acciones, y todos los jugadores casi que bailando, moviéndose al compás de sus indicaciones: 'ahora esto', 'ahora lo otro'. ¿Es necesario tanto? El calentamiento previo, en realidad, es un acto socio-afectivo entre el futbolista y el ambiente que lo rodea, como bien lo definió Paco Seirulo. Un futbolista no necesita demasiado tiempo, ni tantos trabajos específicos, para entrar en calor. Salvando las distancias, ¿alguna vez vieron a un ladrón que roba y al salir corriendo se desgarra? Yo nunca. No necesitó calentar antes del asalto".

Dentro de la nueva camada de preparadores físicos, que ya traen arraigados los nuevos métodos y conceptos que se aplican en otros países, se encuentra Javier Bustos. Integrante del cuerpo técnico de Diego Cocca en varios equipos, incluido Racing, en donde fueron campeones, aporta sus opiniones justo mientras escribe un libro sobre el tema. "Se lo escuché decir a Buenaventura en una exposición que realizó en Sevilla: los entrenamientos hay que plantearlos sobre los conceptos de calidad sobre cantidad, intensidad sobre volumen y especificidad sobre generalidad. Eso es fundamental", arranca.

Para Bustos hubo, hace unos años, un cambio paradigmático en la preparación física del futbolista argentino. Y llegó el momento en el que a él se le produjo el click. "Cuando estudié, me enseñaron las cargas, las ondulaciones que vienen de otros deportes... A mí siempre me había gustado usar la pelota en los entrenamientos físicos. Pero el momento de cambio fue cuando apareció el Barcelona. Esa influencia fue importante para mí. Además, uno con los años se va especializando, va leyendo y averiguando cosas nuevas", cuenta mientras menciona al influyente Paco Seirulo. "Él dice que las partes no se pueden dividir. Que no se puede disociar el entrenamiento, que no hay un entrenamiento físico y otro futbolístico. Hoy por hoy, el entrenamiento es individualizado pero, a su vez, integrado".

Bustos también aporta su opinión sobre cómo la tecnología juega su propio partido en la preparación física. Por ejemplo, el sistema portátil de monitoreo que incluye acelerómetros, giróscopos y un GPS. Aprobado su uso por la FIFA, en julio de 2015, se trata de un dispositivo que se coloca en la espalda del jugador y se mantiene ajustado por una prenda elástica similar a un corpiño deportivo y que se utiliza debajo de la camiseta. Su función es aportar datos sobre metabolismo, saltos, aceleraciones y más. En la Argentina son varios los clubes que ya lo utilizan. "Es muy importante que el jugador tenga esa banda para luego analizar sus mediciones durante el partido. Por ejemplo, a mí me sirve para hablar con el entrenador y decirle 'mirá, tal jugador trabajó durante los 90 minutos a una alta intensidad, fuera de lo normal. Entonces, al otro día, hay que recuperarlo porque si no, corre riesgo de romperse'. Igualmente, si bien es un aporte importantísimo, el análisis que se efectúa es global. Es emocional, técnico, táctico, cómo resolvió... Si en el minuto 90 definió y la tiró afuera o fue gol. Si lo erró, el típico comentario de

afuera es que 'estaba mal físicamente'. Ese análisis es muy corto y básico. Si lo separamos de lo emocional, estamos errados".

Durante su primera etapa en Racing, Bustos trabajó con Diego Milito, por ejemplo, que venía de varios años en el fútbol europeo. "Yo sabía cómo entrenaba Diego en el Inter de Italia. Rui Faria, el preparador físico de Mourinho, tampoco trabaja con pesas. Sin embargo, Diego iba al gimnasio. Él era un futbolista que se formó con una buena estructura física y no lo precisa, pero pese a que todos los ejercicios son dinámicos, hay jugadores que necesitan sentirse más fuertes. Acá no se trata de poner 500 kilos en una máquina y levantar pesas. Faria le decía a Diego que no le hacía falta, pero que si él con eso se sentía bien, que lo hiciera. Ahí había un componente mental entonces", cuenta, como para destacar el valor que tiene lo anímico sobre lo físico.

Una de las palabras de moda en los últimos años en el fútbol es la "intensidad". Para Bustos, hay una deformidad del término que hace que sea mal utilizado. "La intensidad no pasa por correr mucho o más. Tiene que ver con la concentración. Guardiola habla de la "intensidad táctica", que es la intensidad para pensar en las situaciones que se producen durante el juego y cómo resolverlas". Y agrega que ese tipo de intensidad se trabaja. ¿Cómo? "Recreando en los entrenamientos distintas situaciones que ocurren durante los partidos. Cuando un jugador se desconcentra puede haber una fatiga desde lo intelectual. Por eso, otro ejemplo de cambio sustancial en los últimos años es la duración del entrenamiento diario. Acá es clave el correcto uso del tiempo. Hay que apuntar a la calidad. Uno necesita entrenamientos cortos, porque el futbolista tiene poca capacidad de atención. Cortos pero intensos. Por eso, en mi caso trato de armar ejercicios que lleven el menor tiempo posible. Se trabaja en acciones simuladas del juego".

Otra de las definiciones modernas en torno a la preparación física y a los métodos de entrenamientos, al menos

en la Argentina, es la 'periodización táctica'. Xavier Tamarit, Profe de Mauricio Pellegrino en sus ciclos en Estudiantes y en Independiente, escribió incluso un libro al respecto. "Lo que hace ese método es llevarte a ordenar cómo relacionar lo físico con la pelota y con lo emocional. Habla muy bien del tema de las dimensiones del futbolista. Cómo juntar esas dimensiones", comenta Bustos. Tamarit, en varios artículos periodísticos, ha manifestado: "La periodización táctica no es un modelo de juego, sino una forma de entrenar. ¿Es posible que el Barcelona, que tiene el culto de la posesión del balón superior al 70%, tenga la misma preparación física que el Real Madrid, que desarrolla un juego más vertical y directo? ¿O que Xavi se entrene igual que Dani Alves, si sus características y funciones son totalmente diferentes? Es por eso que decimos que la periodización táctica está hecha a medida, es completamente individual y contextualizada". Ese método fue creado hace más de 30 años por Vitor Frade en Portugal. "Yo lo escuché por primera vez en el 2004", reconoce Tamarit, quien agrega: "Tiene una lógica contraria a lo convencional. La periodización táctica necesita una conexión entre el modelo de juego y los principios metodológicos, que son los que permiten llegar a jugar de una determinada manera". Y brindó un ejemplo: "El problema es el subconsciente. Si yo quiero que un delantero juegue bien abierto cuando antes lo hacía cerrado, los primeros 15 minutos del partido lo vas a tener pegado a la raya. Pero después se tirará hacia adentro porque fue lo que hizo siempre. La clave está en desarrollar, a partir del estilo de juego, una planificación, organización y estructura de cada entrenamiento, que incluye, por supuesto, deshabituar costumbres".

Como esta forma de entrenamiento une lo físico con lo táctico, es clave la evolución del entrenador, algo sobre lo que Bustos reflexiona: "En el fútbol argentino estamos a años luz de un Guardiola, porque los directores técnicos no se capacitan. Está en la humildad de ellos seguir aprendiendo".

Son los propios entrenadores los que comenzaron a notar las diferencias. Ángel Cappa, por ejemplo, en una entrevista de hace unos años previa a la explosión del Barcelona de Guardiola, mostraba su preocupación por la forma en la que se trabajaba el tema físico en la Argentina. "Antes los planteles hacían diez, quince kilómetros por día, porque decían que de esa forma se acumulaba resistencia para todo el campeonato, algo que no era cierto. Luego se hacían 500 abdominales por entrenamiento, lo que generó una infinidad de problemas de pubis y hasta operaciones. Ahora, el que no usa chaleco lastrado y pesas parece que estuviera fuera de onda. Dicen que lo hacen para chocar con más resistencia. ¡Pero en el fútbol no hay que chocar, hay que eludir! Y así, con preocuparnos más por el músculo, nos olvidamos de la pelota, como dijo don Ángel Tulio Zof".

Uno de los que recuerdan justamente aquellas épocas de pretemporadas duras, como menciona Cappa es Pablo Guede. "Cuando jugaba en Deportivo Español, con López y Cavallero, hacíamos trabajos en arena, pasadas... Eran como 12 días de trabajos físicos y después sí venían las tareas con pelota. Hoy lo recuerdo y digo que estaba mal eso. Nosotros en el entrenamiento realizamos todos los trabajos con pelota. Si es la herramienta indispensable del fútbol... El problema es que acá en la Argentina todo es un debate y nadie argumenta. Y cuando uno argumenta, dicen que estás loco... ¿Vos viste alguna vez correr a un jugador con unas pesas de 50 kilos en los brazos? La clave en el fútbol es tratar de mover el peso de tu cuerpo lo más rápido posible. Antes, en mi época de jugador, hacíamos saltitos con bolsas de arena en los hombros. ¿Cuántos saltos hacés en un partido? ¿Diez, quince? Ahora decime una cosa: ¿cuántas veces frenás, girás y arrancás por partido? ¡10.000! Entonces, lo que necesita el futbolista es frenar y girar lo más rápido posible. A ese trabajo hay que apuntar".

Para Guede hay un preconcepto instalado que termina perjudicando a todos, incluso a los que proponen otra cosa.

"Acá en la Argentina sigue habiendo entrenamientos de dos horas y pico de duración, triples turnos en las pretemporada... Cuando vos hacés una hora y media de práctica semanal, te critican los de afuera porque dicen que es poco y que uno no trabaja. Te juzgan sin saber".

Para el actual entrenador de San Lorenzo, el click en lo personal fue cuando continuó su carrera de futbolista en España. "Cuando llegué allá, el principal trabajo físico que hacíamos eran los cambios de ritmo. La preparación física de antes, como la conocemos nosotros, es una mentira", afirma tajante el entrenador que en su estadía en San Lorenzo contó con el español Marcos Álvarez como Profe. "Estuvo con nosotros y luego regresó a España para trabajar en el Betis. Su trabajo fue espectacular. Un crack", lo elogia.

Mauricio Pellegrino, el otro entrenador argentino que, como Guede, en los últimos tiempos contó con un preparador físico español, entiende que el fútbol cambió y que los métodos de entrenamiento debieron adaptarse a las necesidades del entrenador. "Tiene un poco que ver con que no te alcanzan los días de entrenamiento para solucionar los problemas de tu equipo. Uno trabaja para tener circulación en espacios reducidos, que haya coordinación entre volantes y delanteros, que el equipo esté corto, que pueda apretar con intensidad... Son tantas las cuestiones tácticas que no se puede andar perdiendo tiempo haciendo media hora de trote. Por eso, se fueron buscando caminos para insertar lo físico dentro de los trabajos del entrenador. La realidad es que cualquier equipo profesional que se entrena dos horas por día ya está preparado físicamente para soportar un partido en la alta competencia", explica Pellegrino, quien también está a favor de la diferenciación en el entrenamiento. "Algunos necesitan ciertos trabajos más que otros", ejemplifica.

Alguien que también se encuentra del mismo lado de la vereda en la materia es Facundo Sava. "Lo de los entrenamientos integrados lo empecé a ver allá por mediados de los

años 90. Recuerdo que fuimos con Ferrocarril Oeste a Chile y entrenamos un día en el mismo lugar en que lo hacía la Universidad Católica de Manuel Pellegrini. Me acuerdo que había una diferencia notoria: nosotros corríamos alrededor de la cancha y hacíamos pasadas y ellos trabajaban todos los ejercicios con la pelota. La realidad es que volví sorprendido de aquel viaje. Era un método que desconocía. Luego, ya cuando dejé de jugar, empecé a darme cuenta de la nueva corriente que existía en Europa, sobre todo. Comencé a leer libros sobre la preparación física específica del futbolista, viajé a ver entrenamientos... Eso me convenció y adopté esa manera de trabajar".

Otro integrante de la nueva camada de profes del fútbol argentino es Pablo Dolce, quien trabaja en River Plate junto con Marcelo Gallardo. Él también se suma a los cambios en los entrenamientos y en el libro *Gallardo Monumental*, contó: "La gran mayoría de los trabajos los hacemos con pelota. Uno quiere desarrollar la resistencia en el fútbol y a eso se puede llegar de diferentes maneras. Antes era correr 12 kilómetros continuos. Hoy eso ya no se acepta. Ahora, los entrenamientos son más cortos, pero más intensos. Y con pelota. Siempre asegurándonos que los jugadores recorran ciertas distancias".

Quizás, a modo de cierre de este capítulo, bien valga la pena una opinión del Profe Buenaventura sobre el tema: "Los preparadores físicos vivimos adaptándonos a los calendarios. Conectar con el jugador, el fútbol y saber transmitir conceptos es clave. La élite exige preparación, pero si el futbolista no entiende el juego, no importa si corre".

ANEXOS

GUARDIOLA Y EL TOPO LÓPEZ

El jueves 9 de julio de 2014, Argentina enfrentó a Holanda por una de las semifinales del Mundial de Brasil. El triunfo de la Selección dirigida por Alejandro Sabella no fue capaz de apaciguar el profundo dolor que generó en el ambiente periodístico de nuestro país, la muerte de Jorge López, más conocido como el Topo. En la madrugada de aquel día, en la ciudad de San Pablo, el periodista argentino, de 38 años, perdió la vida cuando se encontraba cubriendo la Copa del Mundo para la radio La Red y para el diario *Olé*. La noticia conmocionó a todo el ambiente futbolístico argentino y pegó fuerte en el seno del plantel, ya que él tenía una relación de confianza con varios de los futbolistas, en especial con Lionel Messi, a quien le había realizado numerosas entrevistas, incluso antes de que Leo fuera famoso.

Pasada la medianoche, el Topo volvía al hotel donde se hospedaba junto con su mujer, la también periodista Verónica Brunati, luego de haber permanecido un rato en el bunker de la Selección. En el trayecto, el taxi en el que viajaba fue embestido por un auto manejado por unos delincuentes, menores de edad, que en ese momento huían de la persecución policial. López murió en el acto y la noticia de su fallecimiento recorrió el mundo entero.

Al finalizar la Copa del Mundo, Vero emprendió una larga y difícil gestión para pedir justicia por su marido y para que las autoridades brasileñas castigaran a los culpables. Su pe-

dido de ayuda se extendió por todo el mundo, especialmente en España, donde el Topo había trabajado y aún colaboraba periodísticamente, en algunos medios cuando se produjo su muerte.

Al conocer la noticia, Guardiola se sintió muy afectado. Él conocía al periodista argentino, por algunas entrevistas que le había realizado durante su estadía en Barcelona. Incluso, en el 2005, Pep y el Topo habían apadrinado un libro de cuentos de fútbol a beneficio de distintas ONG. Una iniciativa solidaria que compartieron junto a otras personas. Guardiola aportó su nombre y el Topo escribió uno de esos libros, cuyo dinero fue a parar al Departamento de Oncología Infantil del Hospital Vall d'Hebron, al Casal d'Infants del Raval, a la Associació Catalana de Síndrome X Frágil y a la ONG Payasos sin Fronteras. Guardiola y el Topo estuvieron presentes en el acto de clausura celebrado en el museo Colet de Barcelona.

Además de compartir dicho acto benéfico, López le hizo varias notas para el diario *Olé*, cuando trabajó como corresponsal de este medio argentino en España. Una de ellas, realizada en el 2011, tuvo bastante repercusión, justo cuando Guardiola entrenaba al Barcelona y el técnico de la Selección Argentina era Sergio Batista. En la misma, Pep declaraba en sintonía con la admiración que siempre sintió por el fútbol de nuestro país: "El fútbol argentino será una referencia por los siglos de los siglos. Argentina tiene buenos jugadores y Batista encontrará seguramente la manera de hacer una buena Selección".

Poco después de la muerte del Topo, Guardiola, por intermedio de unos amigos en común, se contactó con Vero, su esposa, y se puso a disposición. "Me dijo que contara con él para lo que fuera", contó ella en aquel entonces.

Cuando comenzó la movida denominada Justicia Para Topo, Brunati viajó a España. Allí fue recibida por dirigentes del Atlético de Madrid y del Barcelona. Ambos equipos se enfrentaban en el Camp Nou, el 11 de enero de 2015, y la intención era salir con una bandera para que el pedido de justicia fuera más masivo y adquiriera mayor notoriedad a nivel mundial. Para darle mayor impulso, algunos periodistas españoles amigos del Topo tuvieron la idea de mandar a imprimir remeras con el lema en favor de que se esclareciera el caso y la prensa las usó en la cobertura de aquel evento.

Guardiola, en Munich, observó por TV a los jugadores del Barcelona y del Atlético que salieron a la cancha con esa bandera y también a los periodistas luciendo esa remera negra cuyo mensaje, con letras blancas, era Justicia Para Topo. Inmediatamente, por decisión propia, se comunicó con el periodista Lu Martín, del diario *El País* de España, quien participaba del acontecimiento. A él le pidió que le hiciera llegar una de esas camisetas. Ya en su mente tenía una idea para colaborar...

"La camiseta se la envié yo", cuenta Lu Martín, quien agrega: "En realidad, esas camisetas las mandamos a hacer para mostrarla en Barcelona durante la presentación del libro de Mascherano. Fuimos a una tienda de serigrafía del barrio y las estampamos con la leyenda #JusticiaParaTopo. Cuando las mostramos en aquel partido entre el Barcelona y el Atleti, con Luis Enrique y Simeone colaborando para la causa, Pep las vio y me pidió una".

Unos meses después, ya con la remera en su poder, Guardiola decidió sorprender al mundo. En virtud de la conferencia de prensa previa a un partido de la Champions League entre el Bayern Munich y el Porto de Portugal, Pep apareció en el recinto con esa camiseta puesta. Consciente del efecto que podía generar, decidió colaborar de esa forma. Que cientos de fotógrafos lo retrataron hablando con dicha remera. Como era obvio, la imagen se viralizó rápidamente y recorrió el planeta. "No tengo palabras para expresar mi agradecimiento por el gesto de Guardiola. Era consciente de que lo podían sancionar pero él sabía que iba a colaborar para que se reprodujera la historia a nivel mundial", manifestó Vero.

"En varias ocasiones había hablado con Pep y él, sabiendo de mi amistad con el Topo y con Vero, me preguntaba: '¿qué puedo hacer por ella?'. A él le impactó mucho la muerte del Topo. Por eso cuando vio aquel homenaje del Barcelona y del Atleti, me llamó y me dijo 'quiero una de esas remeras'. Le contesté que con todo gusto se la iba a enviar y le pedí un favor, que si podía sacarse una foto con la camiseta puesta y luego me la mandara para poder difundirla, a través de las redes sociales. Me contestó que la iba a usar en una conferencia de prensa. 'Si la hacemos, la hacemos bien', me dijo". Pero quedó ahí. No sabía cuándo ni dónde lo haría", cuenta Martín.

Cuando se lo vio a Pep en esa rueda de prensa con dicha camiseta, Lu Martin como Vero Brunati, no podía creer tamaño gesto. Además, Guardiola conocía de antemano las estrictas reglas protocolares de la UEFA y sabía que con esa remera alusiva, se exponía a una sanción. Y así fue. Luego de esa conferencia, la UEFA le abrió un expediente amparándose en el artículo 11.2.c del reglamento disciplinario de la Champions, que se refiere a los principios generales de conducta y que prohíbe expresamente "utilizar acontecimientos deportivos para manifestaciones de naturaleza no deportiva". La UEFA le trasladó ese expediente al comité de control ético y disciplinario.

Notificados de esa situación, el cuerpo de abogados del Bayern Munich decidió realizar la defensa del entrenador. Incluso, Manel Estiarte, mano derecha de Pep, se comunicó con algunos periodistas españoles para interiorizarse del caso del Topo López, con el fin de que el club tuviera la información necesaria para poder defender la postura de Guardiola. Sin embargo, fue en vano. El propio Pep habló con los abogados y les pidió que no lo defendieran. Que si la sanción iba a ser una multa económica —como finalmente ocurrió aunque no se hizo público—, él se encargaría de pagarla de su propio bolsillo.

En la actualidad, Pep suele vestir esa remera pero ya no en público sino en la intimidad de su casa. Lu Martín, que da fe del uso que le da Guardiola, finaliza con una anécdota extraordinaria que lo pinta de cuerpo entero: “En algunas ocasiones lo he llamado a Munich y al preguntarle sobre qué estaba haciendo, él, con esa camiseta puesta, me ha dicho: ‘estoy aquí con el Topo, preparando el próximo partido’...”.

GUARDIOLA Y MATÍAS MANNA

Además de licenciado en comunicación, docente universitario, entrenador de fútbol e integrante del cuerpo técnico de Jorge Sampaoli, Matías Manna también podría ser reconocido como vidente o futurólogo. Cuando Guardiola era todavía el mediocampista central del Barcelona de Johan Cruyff, este santafesino, nacido el 18 de junio de 1983 en el pueblo de San Vicente, ya lo visualizaba como entrenador. Incluso, en un blog que creó en el 2005 y que llamó *Paradigma Guardiola* —luego sería el nombre de su libro publicado en el 2012—, pedía y suplicaba por un Guardiola entrenador, que viniera a salvarnos del apocalipsis al que irremediablemente parecía llevarnos un fútbol dominado por la especulación, la poca ambición y con la cautela ganándole la batalla a la audacia. Manna intuía que el perfil que había mostrado Pep como futbolista, podía trasladarlo a la dirección técnica. Dueño de una sensibilidad especial para notar los atributos de Guardiola, creyó antes de ver. En cierto punto, Matías anticipó un poco lo que vendría luego: la revolución futbolística que protagonizó el entrenador catalán con su inolvidable Barcelona. Como bien escribió Martí Perarnau, autor de *Herr Pep* "Paradigma Guardiola se adelantó a todo y a todos".

De a poco, su blog, en el que analizaba con detalle distintas cuestiones tácticas y escribía artículos relacionados con Guardiola, comenzó a tener más seguidores. La admiración por Pep era tal que de chico hasta intentaba imitarlo cuando jugaba al fútbol en el club de su pueblo, donde llegó a actuar en la Primera de la liga santafesina. "Yo era muy flaco, no corría más que los otros, no pegaba fuerte, no cabeceaba, hacía lo que hacía él. Siempre trataba de intuir la jugada, de llegar primero. Como no tenía el resto de las características, quería imitarlo a él, aunque pocas veces pude conseguirlo", cuenta quien fuera volante central y capitán de su equipo

como lo era Pep del Barcelona. Sobre el motivo que lo llevó a crear una página sobre el entonces mediocampista catalán, especifica: "Lo reflejaba como paradigma de una filosofía de juego que estaba en desuso. Era la época en la que se jugaba de una manera más física, en la que Grecia era campeón de Europa e Italia ganaba el Mundial, ambos con un fútbol netamente físico. La intención del blog fue la de defender una idea de juego que se estaba muriendo. Yo jugaba a escribirle cartas a Pep, diciéndole que era urgente que asumiera como entrenador en algún club. Estaba de moda el 4-4-2, la espera permanente y que nadie tomara la iniciativa del juego...".

Un acontecimiento clave ocurriría en octubre de 2006. Guardiola, a poco de retirarse del fútbol, viajó a la Argentina para entrevistarse con algunos entrenadores, como César Luis Menotti y Marcelo Bielsa. Manna, que un tiempo antes había podido contactarse con Pep vía telefónica, viajó de Santa Fe a Buenos Aires para encontrarse cara a cara con su ídolo. El encuentro se dio la mañana del lunes 9 de octubre, en el lobby del hotel de Palermo en el que Guardiola y su compañero de viaje, David Trueba, utilizaban de bunker en su estadía en el país. En el prólogo de Paradigma Guardiola, el propio Trueba cuenta una anécdota sobre aquella reunión: "Pep me advirtió que un chaval argentino, que le escribía largos mails y que era un gran seguidor de su carrera, vendría a desayunar con nosotros. 'Si es muy pesado, haremos gestos ocultos para irnos con alguna excusa ficticia', nos dijimos para ponernos de acuerdo. El fanático venía desde Rosario, cargado de libros de regalo, sin saber lo que iba a encontrar, con ganas de charlar y sorprendido cuando Guardiola le preguntó si habría posibilidades de que él pudiera entrenar o jugar en la Argentina... Él estaba convencido de que detrás de aquel futbolista central en el sistema de Cruyff o Van Gaal, se escondía el alma de un entrenador. Ya éramos dos, entonces, los que pensábamos lo mismo sentados en la misma mesa de desayuno de ese hotel de Palermo".

A modo de obsequio, Matías le regaló dos libros. *Lo suficientemente Loco*, la biografía de Marcelo Bielsa escrita por el periodista Ariel Senosiain, y *Operación Masacre*, la novela de Rodolfo Walsh que impresionó a Guardiola. "Si alguna vez, algo o alguien estuvo cerca de asemejarse a un especie de prólogo de todo lo que vivimos y disfrutamos durante las temporadas de fútbol mágico del Barcelona de Pep, fue Matías Manna", reflexionó Trueba.

Ese desayuno, en el que observaron juntos el blog y hasta analizaron una jugada previa a un gol de Overmars de aquella época, fue el único contacto personal que tuvieron en aquel viaje. La idea era volver a encontrarse al día siguiente para cenar en Rosario, ya que Guardiola tenía agendado ir a almorzar con Bielsa a su campo en Máximo Paz y luego quedarse unas horas en la ciudad rosarina. Pero aquel almuerzo con el Loco se extendió hasta la noche y fue Pep quien se comunicó con Manna para aplazar el encuentro. "Me llamó y se disculpó porque la charla con Bielsa fue muy extensa y ya debían regresar a Buenos Aires", recuerda Matías, quien agrega una frase que le dijo Pep sobre el Loco: "Nunca vi a alguien que sepa más de fútbol que este hombre".

La relación entre ambos se mantuvo y se mantiene hasta la actualidad. Siempre a través de mails y mensajes telefónicos. Sobre todo en la temporada 2007/08, cuando Guardiola dirigió el filial del Barcelona, su primera experiencia como entrenador. Allí hablaron antes de la final por el ascenso o cuando Pep incorporó a Chico Flores, un zaguero central que potenció el juego del equipo. Manna recuerda que en el 2007, cuando Juan Román Riquelme regresó a Boca, Guardiola le escribió un extenso mail en el que elogiaba al enganche y decía que su presencia iba a jerarquizar al fútbol argentino.

Cuando Pep asumió en el primer equipo del Barcelona, también hubo un contacto vía correo electrónico, luego de su primera conferencia de prensa. También al confirmarse las salidas del club catalán de Ronaldinho y Deco, dos peso pesados. "Viste el lío que he montado...", le escribió desde Catalunya.

Matías viajó luego a Barcelona, donde observó varios entrenamientos del conjunto catalán y compartió horas de charla con Pep. Ya en julio de 2013, Manna voló hacia Trentino, Italia, donde el flamante Bayern Munich de Guardiola realizó la pretemporada. Él estuvo presente en los primeros 15 días del catalán al frente del conjunto alemán, invitado especialmente por el propio Pep.

Tanto en su libro como en su página, Manna defendió y defiende el modelo de juego que desarrolló Guardiola desde que se dedicó a la dirección técnica. Con los años, la figura de Manna adquirió mayor relevancia y trascendencia a medida que se sucedían los éxitos del Barcelona. Entrevistas en medios locales, nacionales e internacionales, además de una buena cantidad de seguidores y visitantes de su página fue la consecuencia de aquella estrecha relación con Pep y de sus exhaustivos análisis tácticos y estratégicos. Tanta pasión por el juego, lo llevó a realizar el curso de entrenador y un posgrado en comunicación interactiva. Al poco tiempo comenzó a formar parte del cuerpo técnico de Marcelo Bielsa, cuando el entrenador argentino asumió al frente de la selección de Chile, proceso que culminó luego del Mundial de Sudáfrica 2010. Tras un impasse, en el que integró el cuerpo técnico de El Salvador en el Mundial Sub 20 de 2013 y el de Facundo Sava, en San Martín de San Juan y Unión de Santa Fe, regresó al país trasandino a principios de 2014, cuando Jorge Sampaoli lo convocó para repensar metodologías de entrenamiento y retomar su función con Bielsa, que consistía en armar videos con un detallado análisis de los rivales y también editar imágenes de los propios jugadores chilenos, para que todo eso luego fuera utilizado por el entrenador y así poder sacar mayor provecho de las virtudes de su plantel.

Hoy, mientras forma parte del cuerpo técnico de Sampaoli, a quien acompañó en el Sevilla y en la Selección Argentina, Manna imagina en el horizonte un futuro dentro del fútbol

argentino que pueda contemplar la presencia de Guardiola. Quizá dirigiendo a algún club. O tal vez a la Selección. En un sub-capítulo de su libro *Paradigma Guardiola*, titulado Pep Argento y fuente de inspiración de este Che Pep, Matías alude a la vinculación existente entre el entrenador y la Argentina y se pregunta si podría existir esa posibilidad. "¿Servirá su intervención para recuperar el romanticismo por el pase y el toque argentino? ¿Podría provocar un cambio estructural para reorganizar la identidad futbolística?". Su anhelo, como admirador de este estilo de juego, es que en un futuro, Guardiola decida cumplir su cuenta pendiente de dirigir un seleccionado y que la Argentina sea la elegida.

Esa intención de Manna también surgió de parte de César Luis Menotti. Cuando finalizó el Mundial de Brasil, en el 2014, y Alejandro Sabella dejó su cargo al frente del seleccionado nacional, el Flaco postuló a Guardiola para esa función. "Yo lo hubiera ido a buscar a él. Se lo dije y me respondió que le gustaría", escribió en su columna mensual en la agencia alemana de noticias DPA. Para Menotti, la presencia del catalán al frente de la Selección Argentina sería un salto de calidad. "Lo pondría a él de entrenador y le metería tres técnicos jóvenes al lado, para que aprendan, pensando en el futuro".

En el 2012, dos años antes y con Sabella como entrenador, Julio Grondona, entonces presidente de la AFA, fue entrevistado por el programa Tercera gradería de Catalunya. Y allí sorprendió al afirmar: "Si la Argentina tuviera la posibilidad económica, Guardiola sería el entrenador de la Selección. Para mí sería un sueño terminar con este fichaje". Más allá de la expresión de deseo de Don Julio, nunca hubo una negociación concreta.

Otros protagonistas del fútbol, con llegada a Guardiola, sostienen que la posibilidad de verlo dirigir a algún club argentino o a la Selección parece difícil. Aunque nadie se anima a descartarlo. Al respecto, el periodista Martí Perarnau analiza: "No veo sencillo que pueda ocurrir, pero es una posibilidad. Lo que ocurre con Pep es que él no se plantea el futuro a largo plazo. Él firmó su contrato por tres años en el Manchester City, pero no está pensando qué hará después. Ni lo sabe tampoco. Sólo cuando se acerque el momento empezará a analizar si continuará en Manchester o si inicia un ciclo en otro lugar. Desde luego que dirigir una selección es un posible destino, pero tendrían que darse muchas circunstancias que cuadren. La más importante de todas es que lo quieran. Que aquella selección que lo pretenda, verdaderamente lo quiera. Lo que mueve a Pep es la pasión y solo irá donde vea una auténtica pasión y convencimiento de que él es el seleccionador idóneo para ocupar ese cargo".

Jorge Valdano, otro asiduo interlocutor del entrenador catalán, acota sobre el tema: "Guardiola, por una idea, es capaz de cualquier cosa. No nos olvidemos que terminó su carrera futbolística en los Dorados de Culiacán del fútbol mexicano, solo porque deseaba trabajar una temporada cerca de Juan Manuel Lillo y agregar así conocimientos a sus intuiciones. Sé que a Pep le deslumbra la pasión de nuestro fútbol, pero imagino que el nivel en el que se mueve hace difícil una decisión de ese tipo".

Ángel Cappa cree que de haber una posibilidad, es más factible ver a Guardiola en la Selección Argentina que en un club de nuestro fútbol. "La Selección es otra cosa, aunque en la actualidad, más que entrenador te convertís en seleccionador. Elegís a los jugadores, pero el tiempo para trabajar es escaso y no sé si Pep está interesado en hacer algo así. De dirigir a un club argentino, lo creo más difícil aún. Él no está acostumbrado a que la barra te apriete pidiéndote plata para las banderas o los viajes. O que los medios te maten por perder dos partidos seguidos. En su inicio en el Barcelona perdió el primer partido y empató el segundo. Si estaba en la Argentina a lo mejor lo echaban... El problema del fútbol argentino es la falta de un proyecto serio que sostenga a un entrenador como él".

Por último, Diego Maradona, consultado especialmente para este libro sobre este tema, agrega: "Una vez me jun-

té con Pep. Hablamos de varias cosas, salió el tema de la Selección y me preguntó si lo veía dirigiendo alguna vez a Argentina. Le dije que sí, claro... ¿Quién podría decirle que no?".

AGRADECIMIENTOS

Quiero agradecerle especialmente a Mauro Medvetkin y a la gente de LIBROFUTBOL.com, por darme todo su respaldo y apoyo para la realización de la primera edición de este libro.

También me gustaría mencionar a todos los protagonistas del fútbol que colaboraron desinteresadamente con sus testimonios: Diego Armando Maradona, Matías Manna, Ángel Cappa, Jorge Valdano, Diego Latorre, Juan Antonio Pizzi, Mauricio Pellegrino, Andrés Yllana, Claudio Caniggia, Ángel Matute Morales, David Trueba, César Luis Menotti, Gabriel Milito, Pablo Zabaleta, Wilfredo Caballero, Gerardo Martino, Jorge Almirón, Pablo Guede, Ariel Holan, Ricardo La Volpe, Matías Almeyda, Facundo Sava, los profes Fernando Signorini y Javier Bustos y los periodistas Martí Perarnau, Lu Martín, Carlos Rodríguez Duval, Verónica Brunati y Ezequiel Fernández Moores.

Tampoco quiero olvidarme de todos los que aportaron su granito de arena para facilitarme el contacto con los protagonistas: Vanesa Morla, Nicolás Berardo, Marcela Nicolau, Rolando Carlen, Verónica Brunati, Verónica Drygailo, Leandro Contento, Nicolás Novello, Federico Sánchez Parodi, Ariel Scher, Sergio Maffei, Facundo Aché, Adrián Faija, Ariel Senosiain y Nicolás Montalá.

Gracias por su ayuda, además, a los encargados del archivo de Deportea, a Federico Rozenbaum, a Diego Borinsky, a Martín Macchiavello y a Diego Santonovich.

BIBLIOGRAFÍA

Libros

Balagué, G. (2013) *Pep Guardiola, otra manera de ganar*, Barcelona, España: Roca Editorial.

Borinsky, D. (2015) *Gallardo Monumental*, Buenos Aires, Argentina: Aguilar.

Cappa, A. (2004) *¿Y el fútbol dónde está?* Lima, Perú: Peisa.

Fest, S. y Juillard, A. (2013) *Misterio Messi*, Madrid, España: La esfera de los libros.

Guardiola, P. (2001) *Mi gente, mi fútbol*, Barcelona, España: Grupo Zeta.

Manna, M. (2012) *Paradigma Guardiola*, Barcelona, España: Ara Llibre.

Muglia, V. (2013) *Gabriel Milito, historia de un Mariscal*, Buenos Aires, Argentina: Ediciones Al arco.

Perarnau, M. (2014) *Herr Pep*, Barcelona, España: Roca Editorial.

Signorini, F. (2014) *Fútbol, llamado a la rebelión*, Buenos Aires, Argentina: Ediciones Corregidor.

Valdano, J. (2013) *Los 11 poderes del líder*, Barcelona, España: Conecta.

Material de Archivo

Artículos de los diarios *Olé*, *Clarín* y *La Nación*, revista *El Gráfico*, diario *La Capital* de Rosario, diario *Marca* de Madrid, diario *Sport* de Barcelona, diario *El País* de España y diario *La Repubblica* de Roma.

SOBRE EL AUTOR

Vicente Muglia nació el 19 de diciembre de 1976 en Mataderos, Ciudad Autónoma de Buenos Aires, Argentina. Egresó con el título de bachiller contable del Instituto Mariano Moreno de Villa Insuperable en 1994. Luego estudió en la escuela del Círculo de Periodistas Deportivos, donde egresó en 1997.

En 1997 comenzó como redactor en el diario deportivo Olé, donde trabaja en la actualidad. Desde 1998 hasta 2003 y desde 2011 hasta 2014 cubrió la información del Club Atlético Independiente, primero como redactor y luego como editor; desde 2003 hasta 2011 cubrió la información del Club Atlético Boca Juniors; desde 2014 a la fecha es integrante de la redacción web del diario.

Trabajó en radio Mitre en el 2001, fue docente desde 2009 hasta 2012 en la escuela de periodismo ETER, fue productor periodístico de programas deportivos en América 24 y conductor de un programa partidario del Club Atlético Independiente en Radio 9 AM 950 y en Cadena Eco AM 1220.

En diciembre de 2013 publicó su primer libro, la biografía de Gabriel Milito llamada Historia de un Mariscal.

Participó en diversos eventos, como partidos de Copa Libertadores, Copa Sudamericana, Copa Mercosur, Supercopa, Conmebol, Recopa Sudamericana, Eliminatorias Sudamericanas, y cubrió para el diario Olé la final de la UEFA Champions League 2016 en Milán, Italia.

www.ingramcontent.com/pod-product-compliance
Ingram Content Group UK Ltd.
Pitfield, Milton Keynes, MK11 3LW, UK
UKHW021906190726
13853UKWH00002B/536